**biblioteca clásica
de siglo veintiuno**

Compilación y traducción de Isabel Jiménez

pierre bourdieu
capital cultural, escuela y espacio social

edición revisada y corregida

siglo veintiuno
editores

archipiélago
siglo veintiuno

argentina
siglo xxi editores
www.sigloxxieditores.com.ar
capital intelectual
www.editorialcapitalintelectual.com.ar
guatemala 4824, c1425bup, buenos aires

méxico
siglo xxi editores
www.sigloxxieditores.com.mx
cerro del agua 248, romero de terreros, 04310, ciudad de méxico

españa
clave intelectual
www.claveintelectual.com
calle recaredo 3 - 28002, madrid

HM588
B6818
2022   Bourdieu, Pierre
            Capital cultural, escuela y espacio social / Pierre
       Bourdieu ; compilación y traducción de Isabel Jiménez. —
       ed. rev. y corr. — 3a. ed. — Ciudad de México : Siglo XXI
       Editores, 2022.
            182 p. ; 13.5 × 21 cm — (Biblioteca Clásica de Siglo XXI)

            ISBN: 978-607-03-1251-9

            1. Sociología 2. Sociología de la educación. I. Jiménez,
       Isabel, editor. II. t. III. Ser.

© 2022, siglo xxi editores, s. a. de c. v.

primera edición, 1997
segunda edición, 2011
tercera edición, 2022

diseño de colección: tholön kunst

isbn 978-607-03-1251-9

impreso en impreso en mujica impresor, s.a. de c.v.
camelia núm. 4, col. el manto, iztapalapa,
ciudad de méxico, en julio de 2022

impreso y hecho en méxico

Índice

Presentación, *por Isabel Jiménez*   9

1. ¿Qué es hacer hablar a un autor?
A propósito de Michel Foucault   13

PRIMERA PARTE:
LAS CIENCIAS DEL OFICIO

2. Espacio social y espacio simbólico
Introducción a una lectura japonesa de *La distinción*   23

3. Conversación: *El oficio de sociólogo*   39

4. Profesión: científico   59

SEGUNDA PARTE:
EL OFICIO APLICADO A UN CAMPO

5. ¿Qué hacer con la sociología?   69

6. Sociología y democracia   87

7. El nuevo capital. Introducción a una lectura
japonesa de *La nobleza de Estado*   95

8. Prefacio a la reedición de *La reproducción*   109

9. Principios para una reflexión sobre los
contenidos de la enseñanza   113

10. Entrevista sobre la educación   127

TERCERA PARTE:
EL HOMBRE EN EL OFICIO

11. Pasaporte a Duke   155

12. Apología de una mujer formal   165

13. Respuesta a algunas objeciones   171

14. La apuesta por la razón. Programa para una
resistencia intelectual   177

15. En homenaje a Canguilhem   179

Presentación

Trabajar en el conocimiento de un autor y de su obra es ocuparse no solamente de descubrir su propia lectura de la realidad y los instrumentos que utiliza para hacerlo, sino también la manera en que la concibe. Para ello hay que ir desmontando con la ayuda de la propia obra todos los mecanismos de su construcción, y situar al autor y a la obra en el contexto social, histórico, de su producción.

Para llegar a esa concepción hay que pasar necesariamente por el conjunto de elecciones, *disposiciones* y *posiciones* que el autor asume, y, así, tratar de asir las formas últimas de su manifestación.

Cuando Bourdieu se ocupa del mundo social, su apuesta es la construcción de una concepción que permita comprender sus prácticas haciendo uso de los instrumentos de la ciencia. Y en particular de una ciencia, la *sociología*, que no se contenta con el lugar que se le ha otorgado, y que ejerce su tarea combatiendo los obstáculos que impiden ver que la comprensión del mundo social pasa necesariamente por la construcción del *espacio de las posiciones* de los hombres y las mujeres que lo construyen, al mismo tiempo que son construidos por él. Ésta es una postura de resistencia no sólo teórica sino también, y sobre todo, práctica.

El mundo social es construido en bruto cotidianamente, aun sin quererlo, por la simple lógica de la reproducción inscripta en nuestras *disposiciones*. La reproducción es el recurso mínimo de la supervivencia. La nueva concepción del mundo social que nos ofrece Bourdieu invita a comprenderlo comprendiendo el modo en que nosotros mismos estamos en él, como *agentes* que lo construyen. En suma, comprender el mundo percibiéndolo y haciéndolo al mismo tiempo.

Si el mundo social no es de una vez y para siempre lo mismo es porque los hombres y las mujeres que lo construyen no son, de una vez y para siempre, lo mismo. Es el *oficio* de hombre y de mujer lo que crea el mundo social. Algunos de ellos como *aprendices*, otros como *maestros*, y otros más como *aprendices-maestros*.

El *oficio* es un *capital* que resulta de la combinación de varios capitales, y otorga a las mujeres y a los hombres su pasaporte en el mundo social. Con este capital se *posicionan* y toman *posición*. Pero también son *posicionados*.

En el mundo social hay instituciones que forman al individuo en el *oficio* de hombre y de mujer. Entre ellas, la escuela y la familia ocupan un lugar privilegiado. Bourdieu concibe los instrumentos que crea como medios de producción para el conocimiento del mundo, sean teóricos o prácticos. Cuando se propone como tarea la construcción de estos instrumentos, su objeto de estudio es, finalmente, el hombre y la mujer que hacen el mundo.

Este volumen contiene algunos de los trabajos en los que Bourdieu nos introduce en su extensa y esclarecedora obra. Se trata de un conjunto de escritos cuya presentación tiene como propósito fundamental tender un puente a quienes están hoy interesados en el pensamiento de este sociólogo contemporáneo.

Uno de los puntos nodales de su práctica de creación es el empeño en hacer ver que para asir la lógica más profunda del mundo social es necesario sumergirse en la particularidad de una realidad empírica situada y fechada. Se trata, en ese sentido, de construirla como "un caso particular de lo posible".

En su largo camino de investigador, Bourdieu ha abordado con esta óptica objetos de estudio muy variados, pero todos coinciden en la necesidad de dar cuenta, de manera práctica, del mundo social.

Este volumen se divide en tres apartados. El primero presenta la visión de Bourdieu sobre el papel de las ciencias sociales, y en particular de la sociología, en la explicación y la *producción* del mundo social. Ofrece una serie de instrumentos de trabajo, entre los que se destaca un modelo de análisis del *espacio* social estructurado por dos formas de capital: el *capital económico* y el *capital cultural*.

En el segundo, se incluyen varios textos en los que el autor explica el peso del sistema escolar en la adquisición del *capital cultural*, así como los mecanismos a través de los cuales este último se entrelaza con el *capital económico*, y contribuye así a la reproducción de la estructura del *espacio social*. Y en el tercero se presenta una serie de textos breves en los que el autor habla de otros intelectuales como él, interlocutores, finalmente, de su vasta obra.

ISABEL JIMÉNEZ

1. ¿Qué es hacer hablar a un autor?
A propósito de Michel Foucault*

Quisiera expresar solamente algunas ideas deshilvanadas que se me ocurrieron mientras oía hablar sobre Foucault. En reuniones como ésta es importante saber que el problema está precisamente en eso de lo que se habla; que la cuestión de la cual se habla se da en la situación misma en la que se habla. Así, por ejemplo, en las conversaciones sobre Foucault se encuentra planteada una cuestión típicamente foucaultiana, saber lo que es un autor, y también saber qué es hacer hablar a un autor. Hemos escuchado muchas frases que comienzan con "para Foucault" o "según Foucault", "como dijo Foucault": ¿por qué y para quién se pronuncian tales expresiones? Para responder a ello habría que tomar las citas, analizar su forma y su función, llevándolas al contexto textual y al contexto social, y sobre todo a la posición social del autor de la cita. Quizá se comprendería mejor de este modo lo que se hace cuando se cita a un autor. ¿Se le sirve a él o nos servimos de él? ¿No sucumbimos a una forma de fetichismo, a un foucaultismo no muy foucaultiano? Recordemos que Marx decía "yo no soy marxista". Creo que Foucault habría dicho contento: "yo no soy foucaultiano". Sin duda lo dijo (lo que no quiere decir que no quería que hubiese foucaultianos). Él hizo cosas que permiten ver que quería que hubiera foucaultianos.

De modo que siempre es necesario someter las citas a la crítica, examinar su función, su verdad, su validez. Se puede oponer una

* Vaucresson, 23 de julio de 1996.

cita de Foucault a otra no sólo porque se contradijo, como todo el mundo, sino también porque no dijo la misma cosa en el mismo momento o a las mismas personas, según las circunstancias (lo que no quiere decir que mintió aquí o allá). Recuerdo muy frecuentemente estas palabras de Scholem: "No digo la misma cosa a los judíos de Nueva York, de París, de Berlín o de Jerusalén, y sin embargo no miento nunca". Es muy importante, para comprender lo que es responder a una entrevista, manejar una obra, interpretar retrospectivamente los propios escritos. Las lecturas retrospectivas que Foucault realiza de lo que él mismo dijo (algunas veces hablando de Foucault) pueden estar fundadas en el olvido pero también en estrategias espontáneas. Se puede suponer que un profesional de la manipulación simbólica hará, por fuerza, lo que hace todo entrevistado: él quiere dar coherencia a su vida y a su obra. Estará tentado de decir: "Desde que escribí sobre Biswanger, supe que escribiría *Vigilar y castigar*", etc. Todo el mundo hace eso. Por eso hay que establecer una relación desfetichizada con los autores, lo que no quiere decir una relación "no respetuosa". Al contrario. Pienso que no se respeta suficientemente el esfuerzo de pensar cuando se fetichiza a los pensadores. Lo que es importante es el esfuerzo de pensar (que tendemos a subestimar frecuentemente, porque estamos separados, sobre todo, del pensamiento del autor considerado, de las respuestas que aporta, de los nuevos problemas que plantea, del estado del pensamiento en el cual él ha comenzado a pensar).

Para ser verdaderamente fiel al espíritu de Foucault, ¿no habría que leerlo como él mismo ha dicho que leía, y de ese modo solamente? Recordemos, en efecto, que Foucault dijo que había leído a este o aquel autor no para obtener conocimientos, sino para sacar de allí reglas para construir su propio objeto. Hay que distinguir entre los *lectores*, los comentadores, que leen para hablar en seguida de lo que han leído; y los que leen para hacer alguna cosa, para hacer avanzar el conocimiento, los *auctores*. ¿Cómo hacer una lectura de *auctor*, que quizá sea infiel *a la letra* de Foucault, pero fiel al espíritu foucaultiano?

Pero esto no es todo. Una lectura de *lector* que quiere comprender realmente a Foucault en tanto que *auctor*, en tanto que creador de pensamiento y no lector letrado del pensamiento de los otros (lo que yo creo que no le interesaba mucho), ¿no debería, esta lectura, ir más allá de la lectura de los textos? Se habla de la teoría de la recepción (a mí no me gusta mucho Jauss, ni el hombre ni la obra, una de esas viejas hermenéuticas poco presentables que se reciclan hoy día en *Esprit*). Pero para comprender una obra hay que comprender primero la producción, el campo de producción; la relación entre el campo en el cual ella se produce y el campo en el que es recibida o, más precisamente, la relación entre las posiciones del autor y del lector en sus campos respectivos. Por ejemplo, la mayor parte de las citas tienen por sujeto el "se" o el "nos". Foucault no hablaba en nombre de un grupo, como su portavoz, sino que hablaba en un grupo, expresando las ideas de un grupo del que había tomado cosas y en el que él había enseñado cosas. El producto complejo que ha circulado debe una parte de sus propiedades a las condiciones sociales de producción, y, entre otras cosas, a ese efecto de grupo. Habría que analizar el grupo: por una parte, colegas, pero también gente que no estaba en el mismo universo y que pertenecía a otros campos, que era, a veces, completamente extraña al ámbito universitario. Por otra parte, habría que volver a situar a Foucault en el campo de la producción académica de la época: ¿qué era hacer filosofía en ese momento? ¿Qué quería decir, para un filósofo, interesarse en las prisiones, eso que representa una transgresión considerable, pero socialmente admisible? ¿Qué quería decir, para un filósofo ocuparse de la historia? En la jerarquía de las disciplinas, siempre muy pujante en la objetividad y en los cerebros, la historia es una disciplina subordinada con respecto a la filosofía... Hay pues que considerar todas esas estructuras de las que Foucault formaba parte y que se expresan también en lo que dijo. Mi pregunta se justifica tanto más, creo, porque Foucault mismo, en respuesta a un escrito de Derrida titulado "Cogito e historia de la locura", decía, según recuerdo, que los textos tienen implicaciones, que integran redes de problemas que hay que reconstituir si no nos queremos contentar con reproducir y comentar la palabra de los maestros.

Habría que interrogar su postura de filósofo, de filósofo de primer rango (Escuela Normal, etc.). Ser filósofo, en esas condiciones, era heredar una enorme ambición encarnada por Sartre, del que estaba de moda burlarse pero con quien había que rivalizar; una especie de radicalismo filosófico y político que es causa de malentendidos considerables en la circulación de productos emanados de ese tipo de condiciones sociales de producción. Por radicalismo entiendo una suerte de irresponsabilidad intelectual estatutaria que los filósofos se otorgan como una especie de deber de estado, un derecho-deber de ruptura, de transgresión de las normas del buen sentido y de la decencia que, en ciertas condiciones, puede tomar un giro político, pero que es esencialmente intelectual. Es lo que separaba a Sartre de Aron, filósofo del buen sentido burgués, al que se opone tradicionalmente a Sartre, hoy día, en lo referente a las ciencias políticas (que Aron ha enseñado por mucho tiempo), a *Debat* y a la Fundación Saint-Simon. Foucault, aunque se opuso mucho a Sartre, estaba del lado de Sartre, sin discusión, desde ese punto de vista. Esta disposición *radical* (duda radical, puesta en cuestión radical, etc.) fue constitutiva de la postura del filósofo de ese lugar y de ese tiempo, y el radicalismo político no hacía sino continuar el radicalismo filosófico por otros medios. Es este radicalismo intelectual —en la manera de plantear las preguntas, en la naturaleza de los objetos abordados, etc.— lo que separa a Foucault (y a todos los que salen de la misma fábrica) de muchos de los que lo leen hoy, sobre todo en lo que se refiere a las ciencias políticas (donde es verdaderamente sorprendente incluso que haya sido leído).

Es lo que lo separa también de la gran mayoría de los historiadores. Ese papel de constructor de objetos nuevos enerva mucho a ciertos historiadores. Braudel, aun estando un poco desconcertado por el aspecto radical, es decir, un poco "excesivo", "filosófico", de Foucault, tenía una gran admiración por su capacidad para crear conceptos, es decir, objetos que habían permanecido fuera del territorio del historiador. (Habría que precisar que, aun siendo, por su radicalismo filosófico, de la misma familia que Sartre, Foucault se situó en el campo filosófico en un territorio totalmente opuesto; es decir, como yo, del lado de la tradición de la historia de la filosofía de las ciencias, con Koyré, Bachelard, Canguilhem, Vuillemin, etc., y contra la tradición existencialista.)

Hay que ver, también, lo que fue el efecto Foucault en los diferentes campos científicos y fuera de ellos. Se ha comparado a Foucault con el profeta en la tradición weberiana. Es cierto que había algo en él, como en Sartre (que ha creado el modelo), un aspecto de "profeta ejemplar". Esta profecía es la que se ejerce por la práctica, por ejemplo, y no solamente por la palabra, por el discurso o por la teoría. Para comprender el efecto de profecía ejemplar que Foucault ha ejercido, habría que extender este análisis weberiano hacia otro que se encuentra en el *judaísmo antiguo*. Weber dijo que los profetas son las personas que van a las calles a decir las cosas que no se dicen allí sino solamente en los cenáculos limitados de los especialistas. Él llevó fuera del universo científico problemas, debates, conceptos, discusiones que estaban reservados al universo de los especialistas. Esto ha engendrado un malentendido estructural. Es un fenómeno muy general (que se plantea, por ejemplo, a propósito de los orígenes intelectuales de la Revolución Francesa). Sucede que en ciertas circunstancias, los mensajes esotéricos, escritos solamente para ser leídos por los sabios o los letrados, abstractos y destinados a ser comprendidos abstractamente, descienden a la calle, se hacen exotéricos, pasan al acto, a la acción, a la práctica. Hay evidentemente transformaciones que se operan en esta ocasión, y según ciertas reglas. (Entre paréntesis, habría que analizar el papel de Vincennes que, desde este punto de vista, ha sido muy importante: Vincennes es la calle para el filósofo. Ellos podían creer —o hacer creer— que estaban ocupados con el pueblo, y que éste no era más que Vincennes, pero Vincennes era algo muy diferente de París IV.) El éxito norteamericano de la obra de Foucault no ha hecho sino extender y amplificar este proceso, con las relecturas que lo convierten en uno de los maestros del "posmodernismo".

Habría que preguntarse también cómo fue leído Foucault en el interior de los universos científicos (y lo que él ha leído de sus contemporáneos en el seno de esos universos). Yo tendería a pensar que los contemporáneos se leen mucho menos de lo que se cree, y que una gran parte de lo que saben los unos de los otros se toma *ex auditu*, a través de lo que se escucha decir a los colegas, en los periódicos (papel terrible del *Nouvel Observateur*), a los estudiantes, en fin, a una suerte de rumor intelectual donde circulan las palabras clave, los eslóganes un poco reductores ("vigilar y castigar", "encierro", "panóptico", etc.). Dicho de otro modo, la hipótesis de que los contemporáneos se leen entre ellos es muy arriesgada; y que se leen y se comprenden, todavía más arriesgada. Habría que hacer una revisión de la historia de las ideas que reposa en la hipótesis de que los textos son leídos y que, siendo leídos, son comprendidos. En general, lo que circula son los títulos: *Vigilar y castigar* (ha habido, desde entonces, muchos títulos con infinitivos, sobre todo entre los historiadores... En el siglo XIX, todo el mundo se decía "saturniano", sin que se supiera bien lo que eso quería decir). Si consideramos la hipótesis de que la gente no es leída, se entienden muchas cosas que no se han comprendido durante mucho tiempo pensando que ha sido leída. El conocimiento por eslóganes, por palabras clave, es muy importante; los enemigos, que tienen interés en "reducir" y en destruir (según la lógica del insulto: tú no eres sino un...), colaboran con los amigos (protégeme de mis amigos, decía Enrique IV, yo me encargo de mis enemigos), que pueden también influir negativamente (por fetichismo, o simplemente por tontería) en la construcción de la imagen social de un autor. Un análisis dirigido desde esta perspectiva permitirá entender

—aunque habría que examinar todavía más la problemática— la diferencia entre la recepción nacional, en el país, donde hay enemigos, competidores directos y amigos, donde las connotaciones políticas (en el sentido extenso pero también en el sentido específico de política intelectual, vinculado a la posición dentro del campo) son *escuchadas*, y la recepción en el extranjero. Y también entre la recepción de los contemporáneos y la recepción en el futuro (próximo, como nosotros hoy con Foucault, o lejano).

Hay también lecturas directas pero encuadradas. El papel del sistema escolar es desde este punto de vista capital; los profesores son un filtro o una pantalla entre lo que los investigadores buscan decir y lo que los estudiantes reciben. Se dice, por ejemplo, que Wittgenstein demolió los falsos problemas filosóficos nacidos de los abusos del lenguaje. De hecho, se olvida decir también que él señaló que el gran obstáculo al progreso de la filosofía son los filósofos que transmiten falsos problemas canónicos, que están frecuentemente dotados de una autoridad milenaria e increíblemente difícil de destruir. Ahora bien, sobre Foucault circula toda una serie de problemas que son en buena parte producto de la lectura escolar. Está también el papel de los libros de Foucault, numerosos, frecuentemente fuera de curso y destinados a reducirse a fragmentos escogidos. Y habría que ver, por último, cómo circula Foucault para quienes no han leído nada de él. En fin, hay quienes no pueden ni siquiera leer a Foucault, porque les resulta insoportable. ¿Por qué? Porque hay cosas en el ser de Foucault que ellos no quieren saber. Es todo eso lo que se olvida siempre en el análisis de la "recepción": para entender la recepción, hay que entender las fuerzas de la no recepción, el rechazo a saber, el "odio por la verdad", de la que Pascal habla en alguna parte. Sartre, en una nota de *La crítica de la razón dialéctica*, dice, a propósito de sus lecturas juveniles de Marx (que no se leía en la universidad): "Yo comprendía todo y no comprendía nada". Quiere decir que hay una comprensión (escolar en general) que es una no comprensión, un hacer como si se comprendiera, una falta de comprensión fundada en resistencias profundas. Foucault, como todos los pensadores un poco radicales y subversivos, se escondió y se sigue escondiendo aún por formidables resistencias a la lectura.

Frente a todas las amenazas que encierra la recepción, se puede preguntar muy seriamente si un pensador consciente no tiene interés, a veces, en volverse ilegible, no en el sentido de la gran oscuridad carismática propia de Heidegger y Hölderlin; quiero decir, en hacerse difícil de leer para tratar de tener algunos verdaderos lectores, en vez de muchos de esos terribles no lectores que parece que leen. Es una cuestión muy foucaultiana, que debe, yo creo, plantearse en sus palinodias (porque él fue evolucionando, cambiando). Desde este punto de vista, las entrevistas son muy importantes porque dejan ver lo que coexiste con esta suerte de fachada a la que estamos reducidos, como lectores, cuando no tenemos acceso sino a la parte pública de la obra. (Aquí está otra diferencia entre los contemporáneos y la posteridad: una obra no es accesible en su totalidad sino como póstuma; los contemporáneos sólo tienen acceso a una parte ínfima de la obra —ignoran la mayor parte de las entrevistas, la correspondencia privada, etc.— y, si se puede decir así, pedazo a pedazo, en orden cronológico, y no de una vez, *uno intuitu*, como en las obras completas.)

Todo esto nos lleva a terminar con una exhortación a la duda sobre la posibilidad de recibir realmente una obra, duda que es la condición de una recepción no demasiado mala, activa, práctica, no fetichista, destinada no a una suerte de encantamiento cultural en torno al autor sino a un uso activo del autor, en una práctica que puede ser científica, o quizá también judicial.

PRIMERA PARTE
Las ciencias del oficio

2. Espacio social y espacio simbólico
Introducción a una lectura japonesa de *La distinción**

Yo creo que si fuera japonés no me gustaría la mayor parte de las cosas que los no japoneses escriben sobre Japón. En la época en que escribí *Los herederos*, hace ya más de veinte años, reconocí la irritación que me inspiraban los trabajos norteamericanos de etnología sobre Francia al conocer la crítica que los sociólogos japoneses, Hiroshi Minami y Tetsuro Watsuji sobre todo, habían realizado contra el célebre libro de Ruth Benedict, *El crisantemo y el sable*. Yo no les hablaré pues de "sensibilidad japonesa", ni de "misterio" o del "milagro" japonés. Hablaré de un país que conozco bien, no sólo porque nací en él y hablo su lengua, sino porque lo he estudiado mucho: Francia. ¿Esto quiere decir que me encerraré en la particularidad de una sociedad singular y no hablaré para nada de Japón? No lo creo. Pienso por el contrario que, presentando el modelo del espacio social y del espacio simbólico que he construido *a propósito* del caso particular de Francia, no cesaré de hablarles de Japón (así como, hablando de países ajenos, hablaré también de Estados Unidos o de Alemania). Y para que ustedes entiendan completamente este discurso que les concierne y que, al igual que mañana al hablar del *homo academicus* francés, podrá también parecerles cargado de alusiones personales, quisiera estimularlos y ayudarlos a ir más allá de la lectura particularizante que, más que constituirse en un excelente sistema de defensa contra el análisis, es el equiva-

---

* Conferencia pronunciada en la Casa Franco-Japonesa, Tokio, 4 de octubre de 1989.

lente exacto, del lado de la recepción, de la curiosidad por los particularismos exóticos que han inspirado muchos de los trabajos sobre Japón.

Mi trabajo, y especialmente *La distinción,* está muy expuesto a esta reducción particularizante. El modelo teórico que allí se presenta no está adornado de todos los signos en los cuales se reconoce de ordinario a la "gran teoría", comenzando por la ausencia de toda referencia a una realidad empírica cualquiera. Las nociones de espacio social, de espacio simbólico o de clases sociales no están examinadas allí nunca en sí mismas ni por sí mismas; están puestas a prueba en una investigación inseparablemente teórica y empírica que, sobre un objeto bien situado en el espacio y el tiempo, la sociedad francesa de los años setenta, moviliza una pluralidad de métodos estadísticos y etnográficos, macrosociológicos y microsociológicos (lo mismo que oposiciones desprovistas de sentido). El informe de esta investigación no se presenta en el lenguaje al que numerosos sociólogos, sobre todo norteamericanos, nos han habituado y que no debe su apariencia de universalidad sino a la indeterminación de un léxico preciso y mal recortado del uso común; no tomaré más que un solo ejemplo, la noción de *profesión*. Gracias a un estilo discursivo que permite yuxtaponer el cuadro estadístico, la fotografía, el extracto de conversación, el facsímil de un documento y la lengua abstracta del análisis, puede hacerse coexistir lo más abstracto y lo más concreto: una fotografía del presidente de la República jugando tenis o la entrevista a un panadero con el análisis más formal del poder generador y unificador del *habitus.*

Toda mi empresa científica se inspira, en efecto, en la convicción de que no se puede asir la lógica más profunda del mundo social sino a condición de sumergirse en la particularidad de una realidad empírica, históricamente situada y fechada, pero para construirla como "caso particular de lo posible", según las palabras de Bachelard, es decir, como una figura en el universo finito de las configuraciones posibles. Concretamente, eso quiere decir que un análisis del espacio social en Francia en 1970 es el de la historia comparada que toma por objeto el presente, o el de la antropología comparativa que se apega a un área cultural particular: en los dos casos, se trata de intentar asir lo invariante, la estructura, en cada una de las variantes observadas.

Esta invariante no se encuentra al primer vistazo, sobre todo cuando este vistazo es el del amante de lo exótico, es decir, de las *diferencias pintorescas;* aquel que, por decisión o por simple ligereza, se apega prioritariamente a las curiosidades superficiales, a las diferencias más visibles, frecuentemente producidas y perpetuadas por la intención de turistas apresurados que no conocen la lengua (yo pienso, por ejemplo, en lo que se dice y se escribe, en el caso de Japón, sobre la "cultura del placer"). Este comparativismo de lo fenomenal, debe ser sustituido por un comparativismo de lo esencial: armado de un conocimiento de las estructuras y de los mecanismos que escapan, aunque sea por razones diferentes, a la mirada nativa y a la mirada extranjera, como los principios de construcción del espacio social o de los mecanismos de reproducción de este espacio, que son comunes a todas las sociedades —o a un conjunto de sociedades—, el investigador, a la vez más modesto y más ambicioso que el amante de curiosidades, propone un modelo construido que pretende tener una *validez universal.* Puede así recoger las diferencias reales de las cuales necesita buscar el principio no en las singularidades de una naturaleza —o de un "alma", como dicen algunos, los orientalistas, para no nombrarlos...— sino en las particularidades de historias colectivas diferentes. Es, ustedes lo habrán comprendido, lo que yo quiero tratar de hacer aquí y ahora.

Voy pues a presentarles el modelo que he construido en *La distinción,* tratando primero de ponerlos en guardia contra la lectura realista o sustancialista de análisis que se quieren estructurales o, mejor, relacionales (me refiero aquí, sin poder recordarla en detalle, a la oposición que hace Ernst Cassirer entre "conceptos sustanciales" y "conceptos funcionales o relacionales"). Para hacerme comprender diré que la lectura sustancialista o realista se detiene en las prácticas (por ejemplo, la práctica del golf) o en los consumos (por ejemplo, la cocina china) a los que el modelo intenta explicar, y concibe la correspondencia entre las posiciones sociales, las clases, pensadas como conjuntos sustanciales, y los gustos o las prácticas, como una relación mecánica y directa. Así, en el límite, los lectores ingenuos podrían ver una refutación del modelo en el hecho de que, para tomar un ejemplo sin duda demasiado fácil pero impactante, los intelectuales japoneses o norteamericanos se precien de gustar de la cocina francesa mientras que a los intelectuales franceses les gusta frecuentar los restaurantes chinos o japoneses; o mejor aún, que las *boutiques* elegantes de Tokio o de la 5ta Avenida lleven frecuentemente nombres franceses mientras que las *boutiques* elegantes del Faubourg Saint-Honoré eligen nombres ingleses, como *hairdresser*. Pero quisiera tomar otro ejemplo que creo que es más importante: todos ustedes saben que, en el caso de Japón, son las mujeres menos instruidas de las comunas rurales las que tienen la tasa más elevada de participación en las consultas electorales, mientras que en Francia, como lo mostré por medio de un análisis de no respuestas a los cuestionarios de opinión, la tasa de no respuestas —y la indiferencia a la política— es particularmente muy alta entre las mujeres, entre los menos instruidos y entre los más desprotegidos económica y socialmente. Tenemos ahí el ejemplo de una falsa diferencia que oculta una verdad; se sobreentiende, en los dos casos, que se trata de un apoliticismo ligado a la desposesión de instrumentos de producción de las opiniones políticas, y hay que preguntarse cuáles son las condiciones históricas que explican lo que se observa; en un caso un simple absentismo, en el otro, una suerte de participación apolítica. Pero las cosas no son así de simples y hay que preguntarse además cuáles son las diferencias históricas (y sería necesario invocar aquí toda la historia política de Japón y de Francia) que hacen que la misma convicción de no tener la competencia, *estatutaria y técnica*, indispensable para la participación, y la misma disposición a la delegación incondicional, beneficie en un caso, a través del clientelismo, a los partidos conservadores, mientras que en el otro caso beneficie también (al menos hasta hace muy poco) al partido comunista, que encuentra en esta base dócil las condiciones de un "centralismo" fértil para las volteretas políticas.

El modo de pensar sustancialista, que es el del sentido común —y el del racismo— y que lleva a tratar las actividades o las preferencias propias de ciertos individuos o de ciertos grupos de una cierta sociedad, en un cierto momento, como propiedades sustanciales inscriptas de una vez por todas en una suerte de *esencia*, conduce a los mismos errores en la comparación no sólo entre sociedades diferentes, sino entre períodos sucesivos de la misma sociedad. Algunos pueden ver así una refutación del modelo propuesto —en el que el diagrama que presenta la correspondencia entre el espacio de las clases construidas y el espacio de las prácticas propone una figuración gráfica y sinóptica—[1] en el hecho de que, por ejemplo, el tenis o el mismo golf ya no están, hoy en día, tan exclusivamente asociados, como en otro tiempo, a las posiciones dominantes o a los deportes nobles, de igual forma en que la equitación y la esgrima ya no son el entretenimiento de los nobles como lo fueron en sus comienzos (sucede lo mismo en Japón con las artes marciales). Una práctica inicialmente noble puede ser abandonada por los nobles, y es muy frecuente que la adopte una fracción creciente de burgueses o pequeño-burgueses, incluso las clases populares (así fue en Francia con el boxeo, que los aristócratas de fines del siglo XIX practicaban felizmente); una práctica inicialmente popular puede ser retomada en otro momento por los nobles. En fin, hay que cuidarse de transformar en propiedades necesarias e intrínsecas de un grupo cualquiera (la nobleza, los samurai, lo mismo que los obreros o los empleados) las propiedades que les incumben en un momento dado del tiempo a partir de su posición en un espacio social

---

1 Cf. *La distinción* (trad. Y. Ishii), Tokio Shinhyoron, vol. I, 1989.

determinado, y en un estado determinado de la *oferta* de bienes y de prácticas posibles. Así hay que hacer, en cada momento de una sociedad, con un conjunto de posiciones sociales que está unido por una relación de homología a un conjunto de actividades (la práctica del golf o del piano) o de bienes (una segunda residencia o el cuadro de un maestro), ellos mismos caracterizados relacionalmente.

Esta fórmula que puede parecer abstracta y oscura enuncia la primera condición de una lectura adecuada del análisis de la relación entre las *posiciones sociales* (concepto relacional), las *disposiciones* (o los *habitus*) y las *tomas de posición*, las "elecciones" operadas en los dominios más diferentes de la práctica, en cocina o en deportes, en música o en política, etc., por los agentes sociales. Esta fórmula recuerda que no es posible la comparación sino de sistema a sistema y que la investigación de los equivalentes directos entre rasgos tomados aislados, que sean a primera vista diferentes pero funcional o técnicamente equivalentes (como el Pernod y el *shôchû* o el sake) o nominalmente idénticos (la práctica del golf en Francia y en Japón, por ejemplo), puede conducir a identificar de modo indudable propiedades estructuralmente diferentes o a distinguir erróneamente propiedades estructuralmente idénticas. El título mismo de la obra está allí para recordar que eso que llamamos comúnmente distinción, es decir una cierta cualidad, la más frecuentemente considerada como innata (se habla de "distinción natural"), de porte y de maneras, no es de hecho sino *diferencia*, separación, rasgo distintivo, en fin, propiedad *relacional* que no existe sino en y por la relación con otras propiedades.

Esta idea de diferencia, de separación, está en la base de la noción misma de *espacio*, conjunto de posiciones distintas y coexistentes, exteriores las unas respecto de las otras, definidas las unas en relación con las otras, por vínculos de proximidad, de vecindad, o de alejamiento, y también por relaciones de orden como debajo, encima y entre; numerosas propiedades de los miembros de las clases medias o de la pequeña burguesía pueden por ejemplo deducirse del hecho de que ocupen una posición intermedia entre las dos posiciones extremas, sin ser identificables objetivamente ni identificadas subjetivamente en una ni en otra.

El espacio social es construido de tal modo que los agentes o los grupos son distribuidos en él en función de su posición en las distribuciones estadísticas según los dos principios de diferenciación que, en las sociedades más avanzadas, como Estados Unidos, Japón o Francia, son sin ninguna duda los más eficientes: el capital económico y el capital cultural. De ahí se sigue que los agentes se encuentran allí empleados de tal manera que tienen tanto más en común en estas dos dimensiones cuanto más próximos estén, y tanto menos cuanto más separados. Las distancias espaciales sobre el papel equivalen a las distancias sociales. Más precisamente, como lo expresa el diagrama de *La distinción* en el que traté de representar el espacio social (o en el diagrama simplificado de la página siguiente), los agentes son distribuidos, en la primera dimensión según el volumen global de capital que ellos poseen en sus diferentes especies, y en la segunda dimensión según la estructura de su capital, es decir, según el peso relativo a los diferentes tipos de capital (económico, cultural) en el volumen total de su capital. Así, para hacerme comprender, en la primera dimensión, sin duda alguna la más importante, los poseedores de un fuerte volumen de capital global, como los patrones, los miembros de profesiones liberales y los profesores de universidad, se oponen globalmente a los más desprovistos de capital económico y de capital cultural, como los obreros sin calificación; pero, desde otro punto de vista, es decir, desde el punto de vista del peso relativo del capital económico y del capital cultural en su patrimonio, ellos se oponen también muy fuertemente entre sí, tanto en Japón como en Francia (lo que habrá que verificar).

30 CAPITAL CULTURAL, ESCUELA Y ESPACIO SOCIAL

La segunda oposición, al igual que la primera, está en la base de las diferencias en las disposiciones y, por ello, en las tomas de posición que pueden diferir en su contenido, según los momentos y según las sociedades, o presentarse bajo una forma idéntica, como la oposición entre los intelectuales y los patrones que, en Francia y en el Japón de la posguerra, se traduce, en política, en una oposición entre la izquierda y la derecha. Más generalmente, el espacio de las posiciones sociales se retraduce en un espacio de tomas de posición por intermedio del espacio de las disposiciones (o de los *habitus*); o, en otros términos, al sistema de separaciones diferenciales que define las diferentes posiciones en las dos dimensiones mayores del espacio social corresponde un sistema de separaciones diferenciales en las propiedades de los agentes (o de las clases construidas de agentes), es decir, en sus prácticas y en los bienes que ellos poseen. A cada clase de posiciones el *habitus,* que es el producto de condicionamientos sociales asociados a una determinada condición, hace corresponder un conjunto sistemático de bienes y de propiedades, unidos entre ellos por una afinidad de estilo.

Una de las funciones de la noción de *habitus* es dar cuenta de la unidad de estilo que atraviesa a la vez las prácticas y los bienes de un agente singular o de una clase de agentes (eso que los novelistas como Balzac o Flaubert han sabido expresar muy bien a través de descripciones del ambiente —la pensión Vauquer en *Papá Goriot*— que son al mismo tiempo descripciones del personaje que lo habita). El *habitus* es ese principio generador y unificador que retraduce las características intrínsecas y relacionales de una posesión en un estilo de vida unitario, es decir, un conjunto unitario de elección de personas, de bienes, de prácticas. Al igual que las posiciones de las que ellos son el producto, los *habitus* están diferenciados; pero también son diferenciantes. Distintos, distinguidos, ellos son también operadores de distinción: ponen en juego diversos principios de diferenciación o utilizan de modo variable los principios de diferenciación comunes.

Estructuras estructuradas, principios generadores de prácticas distintas y distintivas —por ejemplo, lo que el obrero come y sobre todo su manera de comerlo, el deporte que practica y su manera de practicarlo, sus opiniones políticas y su manera de expresarlas difieren sistemáticamente del consumo o de las actividades correspondientes del industrial—, los *habitus* son también estructuras estructurantes, esquemas clasificatorios, principios de clasificación, principios de visión y de división, de gustos, diferentes. Producen diferencias, operan distinciones entre lo que es bueno y lo que es malo, entre lo que está bien y lo que está mal, entre lo que es distinguido y lo que es vulgar, etc. Así, por ejemplo, el mismo comportamiento o el mismo bien puede parecer distinguido a uno, pretencioso a otro, vulgar a un tercero.

Pero lo esencial es que, cuando ellas son percibidas a través de sus categorías sociales de percepción, de sus principios de visión y de división, las diferencias en las prácticas, los bienes poseídos, las opiniones expresadas se vuelven diferencias simbólicas y constituyen un verdadero *lenguaje*. Las diferencias asociadas a las diferentes posiciones, es decir, los bienes, las prácticas y sobre todo las *maneras,* funcionan, en cada sociedad, al modo de las diferencias constitutivas de los sistemas simbólicos, como el conjunto de fonemas de una lengua o el conjunto de rasgos distintivos y de separaciones diferenciales constitutivos de un sistema mítico, es decir, como los *signos distintivos*.

Construir el espacio social, esa realidad invisible que no se puede mostrar ni tocar con los dedos y que organiza las prácticas y las representaciones de los agentes, es darse de un solo golpe la posibilidad de construir clases teóricas tan homogéneas como posibles desde el punto de vista de los dos determinantes mayores de las prácticas y de todas las propiedades que de allí se derivan. El principio de clasificación que se puede así construir es verdaderamente *explicativo*. Es una taxonomía social que no se contenta con describir el conjunto de las realidades clasificadas sino que, como las buenas clasificaciones de las ciencias naturales, se apega a las propiedades determinantes que (por oposición a las diferencias aparentes de las malas clasificaciones) permiten predecir las otras propiedades. Las clases que ella permite construir semejan a los agentes que son tan parecidos entre sí y tan diferentes como es posible de los miembros de las otras clases, vecinas o alejadas.

Pero la validez misma de la clasificación corre el riesgo de incitar a percibir las clases teóricas, reagrupamientos ficticios que no existen sino sobre el papel por una decisión intelectual del investigador, como las clases *reales*, los grupos reales, constituidos como tales en la realidad. Peligro tanto mayor cuanto que la investigación hace en efecto suponer que las divisiones diseñadas en *La distinción* corresponden adecuadamente a las diferencias reales en los dominios más diversos, aun los más inesperados, de la práctica. Así, por tomar el ejemplo de una propiedad extraña, la distribución de los propietarios de perros y de gatos se organiza según el modelo de la siguiente manera: a los patrones del comercio (a la derecha en el esquema) les gustan sobre todo los perros, mientras que los intelectuales (a la izquierda en el esquema) prefieren los gatos. Del mismo modo, la homogamia se intensifica a medida que las unidades que recortamos en el espacio son más estrechas.

El modelo define pues las distancias que son *predictivas* de reencuentros, de afinidades, de simpatías o también de deseos: concretamente, esto significa que las personas que se sitúan en lo alto del espacio tienen poca oportunidad de casarse con las personas que están situadas hacia lo bajo. Primero, porque tienen poca oportunidad de encontrarse físicamente (a menos que sea en esos sitios llamados de "mala reputación", es decir al precio de una transgresión de los límites sociales que vienen a redoblar las distancias espaciales); después, porque si ellos se encuentran por casualidad o por accidente, "no se entenderán", no se comprenderán verdaderamente y no se gustarán. Al contrario, la proximidad en el espacio social predispone al acercamiento: las personas inscriptas en un sector restringido del espacio serán a la vez más próximas (por sus propiedades, sus disposiciones y sus gustos) y más inclinadas a parecerse; más proclives también al acercamiento, a la movilización. Pero esto no significa que ellos se constituyan en una clase en el sentido de Marx, es decir, un grupo movilizado por objetivos comunes y en particular contra otra clase.

Las clases teóricas que yo construí están, más que cualquier otro desglose teórico, más por ejemplo que los desgloses según el sexo, la etnia, etc., predispuestas a llegar a ser clases en el sentido marxista del término. Si yo soy un líder político y me propongo hacer un gran partido reuniendo a la vez a los patrones y a los obreros, no tengo oportunidad de tener éxito, porque ellos están muy alejados en el espacio social; en una cierta coyuntura, a favor de una crisis nacional, sobre la base del nacionalismo o del chauvinismo, ellos podrán acercarse, pero este acercamiento resultará muy ficticio y muy provisorio. Lo que no quiere decir que la proximidad en el espacio social, a la inversa, engendre automáticamente la unidad: ella define una potencialidad efectiva de unidad o, para hablar como Leibniz, "una pretensión de existir" en tanto que grupo, una clase probable. La teoría marxista comete un error completamente semejante al que Kant denunció en el argumento ontológico o al que Marx reprochó a Hegel: ella opera un "salto mortal" de la existencia en teoría a la existencia en la práctica, o, según las palabras de Marx, "de las cosas de la lógica a la lógica de las cosas".

Paradójicamente, Marx, quien más que ningún otro teórico ha ejercido el *efecto de teoría* (efecto propiamente político consistente en hacer ver lo que es pero que no existe completamente mientras no sea conocido y reconocido), ha omitido inscribir este efecto en su teoría... No se pasa de la clase sobre el papel a la clase real más que al precio de un trabajo político de movilización: la clase movilizada es una función y un producto de *la lucha de los enclasamientos,* lucha propiamente simbólica, que se articula con el sentido del mundo social, con la manera de construirlo en la percepción y en la realidad, y con los principios de visión y de división que deben serle aplicados, es decir, con la existencia misma de las clases.

La existencia de las clases, cada uno lo sabe por experiencia, es una coyuntura de luchas. Y ese hecho constituye sin duda el obstáculo mayor para un conocimiento científico del mundo social y para la resolución (porque hay una...) del problema de las clases sociales. Negar la existencia de las clases, como la tradición conservadora se ha empeñado en hacer en nombre de argumentos, no todos absurdos, que la investigación de buena fe encuentra en su camino, es en último análisis negar la existencia de las diferencias y los principios de diferenciación. Es lo que hacen, de manera muy paradójica ya que conservan el término de clase, aquellos que pretenden que en la actualidad las sociedades norteamericana, japonesa o incluso la francesa no son más que una enorme "clase media" (yo he visto que, según una encuesta, el 80% de los japoneses dicen pertenecer a las "clases medias"). Posición evidentemente insostenible. Todo mi trabajo muestra que en un país en el que se dice también que se ha homogeneizado, que se ha democratizado, la diferencia está por todos lados. Y en Estados Unidos hoy, en parte bajo la influencia de trabajos como los míos, no pasa un día sin que una nueva investigación aparezca mostrando la diversidad allí donde *se quiere* ver la homogeneidad, el conflicto allí donde se quisiera ver el consenso, la reproducción y la conservación donde se quiere ver la movilidad. Así pues, la diferencia existe, y persiste. Pero, ¿quiere esto decir que hay que aceptar o afirmar la existencia de las clases? No, las clases sociales no existen (aun cuando el trabajo político fraguado por la teoría de Marx haya podido contribuir, en ciertos casos, a hacerlas existir a través de instancias de movilización y de jefes). Lo que hay es un espacio social, un espacio de diferencias en el cual las clases se encuentran de algún modo en estado virtual, no como algo dado, sino como algo *a hacerse*.

Esto quiere decir que, si el mundo social, con sus divisiones, es algo que los agentes sociales tienen que hacer, que construir, individualmente y sobre todo colectivamente, en la cooperación y el conflicto, hay que añadir que esas construcciones no se operan en el vacío social, como parecen creer ciertos etnometodólogos: la posición ocupada en el espacio social, es decir, en la estructura de la distribución de los diferentes tipos de capital, que son también armas, dirige las representaciones de ese espacio y las tomas de posición en las luchas para conservarlo o transformarlo.

Para resumir esta relación compleja entre las estructuras objetivas y las construcciones subjetivas, que se sitúa más allá de las alternativas ordinarias del objetivismo y del subjetivismo, del estructuralismo y del constructivismo y también del materialismo y del idealismo, tengo el hábito de citar, deformándola un poco, una fórmula célebre de Pascal: "El mundo me comprende, pero yo lo comprendo". El mundo social me engloba y, como sigue diciendo Pascal, "me engulle como un punto". Pero, primera inversión, este punto es un *punto de vista*, el principio de una visión perspectiva, de una comprensión, de una representación del mundo. Dicho esto, nueva inversión, este punto de vista se mantiene como una mirada que parte de un punto situado en el espacio social, una *perspectiva* definida en su forma y su contenido por esa posición objetiva. El espacio social es la realidad primera y la última, ya que dirige hasta las representaciones que los agentes sociales pueden tener sobre ella.

He llegado al término de esta suerte de introducción a la lectura de *La distinción*. Me he esforzado por enunciar los principios de una lectura relacional, estructural, apropiada para dar todo su alcance al modelo que propongo. Lectura relacional, pero también *generadora*. Quiero decir con esto que deseo que mis lectores se esfuercen por hacer funcionar el modelo en este otro "caso particular de lo posible" que es la sociedad japonesa, que se esfuercen en construir el espacio social y el espacio simbólico japonés, por definir los principios de diferenciación objetiva fundamentales (pienso que son los mismos, pero hay que verificar si, por ejemplo, no tienen pesos relativos diferentes, lo que yo no creo, dada la importancia excepcional que tradicionalmente se da aquí a la educación) y sobre todo los principios de distinción, los signos distintivos específicos en materia de deporte, de cocina, de bebidas, etc., los rasgos pertinentes que constituyen las diferencias significativas en los diferentes subespacios simbólicos. Tal es, a mi parecer, la condición del comparatismo de lo esencial que traje a mi discurso cuando comenzaba y, al mismo tiempo, del conocimiento universal de las invariantes y variaciones que la sociología puede y debe producir.

En cuanto a mí, me esforzaré por decir mañana cuáles son los mecanismos que, tanto en Francia como en Japón y en todos los países avanzados, aseguran la reproducción del espacio social y del espacio simbólico, sin ignorar las contradicciones y los conflictos que pueden estar en el principio de su transformación.

3. Conversación: *El oficio de sociólogo*[*]

B.K.: *Cuando escribiste este libro ya tenías una experiencia de trabajo sociológico. ¿En qué punto de tu trabajo encontraste útil o necesaria esta reflexión epistemológica que se manifiesta en el "oficio de sociólogo"? Te pregunto esto porque hoy tienes mucha más experiencia, pero de todos modos habías trabajado no poco en aquel momento.*

P.B.: El trabajo fue comenzado hacia 1966. En aquel momento, la Escuela de Altos Estudios creó una formación intensiva en sociología: en este marco hice con Passeron una serie de cursos de epistemología y este libro fue una manera de perpetuar el curso sin estar obligado a repetirlo cada año. Así pues, en el origen había una intención pedagógica y el libro se dio como un manual; pero al mismo tiempo existía una ambición más grande. Escribir un manual era una manera de hacer un tratado del método sociológico bajo una forma modesta.

B.K: *Pero era también un trabajo de reflexión sobre lo que ya había sido hecho.*

P.B.: Sí. Estaba la intención pedagógica, pero también la voluntad de hacer un balance de una decena de años de trabajo sobre el terreno, en etnología primero, y luego en sociología. Yo había trabajado mucho en Argelia con la gente del Instituto de Estadística y tenía la impresión de que había puesto en práctica una metodología

---

[*] Entrevista realizada a P. Bourdieu por Beate Krais, a cargo de la edición alemana de *El oficio de sociólogo* [ed. cast.: Buenos Aires, Siglo XXI, 2008].

que todavía no había encontrado su explicitación; la impresión de que era muy necesario hacerla explícita se encontró reforzada por el hecho de que en este momento era el extremo de la invasión "lazarsfeldiana" en Francia. Lazarsfeld, alrededor de los años sesenta, vino a París y dio en la Sorbona cursos solemnes a los cuales creo que asistieron todos los sociólogos franceses, excepto yo, y esto de una manera deliberada: yo pensé que, simbólicamente, no tenía que meterme en la escuela de Lazarsfeld (era suficiente leer sus libros). A través de técnicas interesantes, que era necesario aprender, y que yo había aprendido, imponía otra cosa, es decir, una epistemología implícita de tipo positivista que yo no quería aceptar. Y ésta es la verdadera intención del *El oficio*. Hay, por lo demás, una cita al principio donde se dice más o menos: se dirá que este libro está dirigido contra la sociología empírica, pero esto no es verdad. Está destinado a fundar teóricamente una manera diferente de hacer la investigación empírica, tomando una tecnología que Lazarsfeld ha hecho avanzar bastante —esto no se le puede negar— y poniéndola al servicio de otra epistemología. Tal era la verdadera intención del libro.

En aquel entonces yo veía dos errores opuestos contra los cuales la sociología debía definirse: el primero, que se puede llamar teoricista, estaba simbolizado por la Escuela de Frankfurt, es decir, por gente que, sin hacer investigación empírica, denuncia por todas partes el peligro positivista (Goldmann era el representante en Francia de esta corriente). La segunda, que podemos llamar positivista, era simbolizada por Lazarsfeld. Era el dúo Lazarsfeld/Adorno, a propósito de lo cual yo escribí una nota en el apéndice de *La distinción* [*La distinction*]. Contra estas dos orientaciones se trataba de hacer una sociología empírica fundada teóricamente, una sociología que puede tener intenciones críticas (como toda ciencia), pero que se debe realizar empíricamente.

B.K.: *¿Qué había en aquel momento como tradiciones epistemológicas en las cuales te podías apoyar para llevar a cabo esta intención?*

P.B.: En aquel entonces tenía, antes que nada, mi propia experiencia. Había trabajado en Argelia con la gente del Instituto de

Estadística, con todos mis amigos del INSEE (Instituto Nacional de Estadística y Estudios Económicos): Alain Darbel, Claude Seibel, Jean-Paul Rivet, con quienes aprendí la estadística en la práctica. Ésta ha sido una de las oportunidades de mi vida. Ellos poseían una tradición estadística muy rigurosa, que no tenía nada que envidiar a la versión anglosajona, pero que era ignorada por los sociólogos. Es decir, siendo muy estrictos en materia de muestreo y de modelos matemáticos, estaban encerrados en una tradición burocrático-positivista que les impedía interrogarse acerca de las operaciones elementales de la investigación. Poco antes de trabajar en este libro, yo enseñé sociología en la Escuela Nacional de Estadística y de Estudios Económicos. Dando este curso a futuros estadísticos, descubrí que era necesario enseñar no solamente a tratar los datos sino a construir el objeto a propósito del cual los datos eran reunidos. No solamente a codificar, sino a despejar las implicaciones de una codificación; no solamente a hacer un cuestionario, sino a construir un sistema de preguntas a partir de una problemática, etc. Ésa era mi experiencia.

Por lo demás, yo tenía mi formación y, en el curso de mis estudios de filosofía, me había interesado sobre todo en la filosofía de las ciencias, en la epistemología, etc. Traté de trasladar al terreno de las ciencias sociales toda una tradición epistemológica representada por Bachelard, Canguilhem, Koyré, por ejemplo, mal conocida en el extranjero, salvo por gentes como Kuhn, que la ha conocido a través de Koyré, lo que hace que la teoría kuhniana de las revoluciones científicas no me haya parecido una revolución científica... Esta tradición, que no es fácil de caracterizar con una palabra en "ismo", tiene como fundamento común la primacía dada a la construcción: el acto científico fundamental es la construcción del objeto: no vamos a la realidad sin hipótesis, sin instrumentos de construcción. Y cuando uno se cree desprovisto de todo presupuesto, se construye el objeto aun sin saberlo y casi siempre, en este caso, de manera inadecuada. En el caso de la sociología esta atención a la construcción se impone con una urgencia particular porque el mundo social se autoconstruye en cierto modo; nosotros estamos habitados por preconstrucciones. En la experiencia cotidiana, como en muchos trabajos de ciencias sociales, están comprometidos tácitamente instrumentos de conocimiento no pensados que sirven para construir el objeto, cuando deberían ser tomados como objeto. Es lo que algunos etnometodólogos han descubierto al unísono, pero sin acceder a la idea de *ruptura* enunciada por Bachelard: lo que hace que, definiendo la ciencia social como un simple "*account of accounts*" se queden en definitiva en la tradición positivista. Lo vemos claramente hoy con la moda del *análisis del discurso* (que ha sido formidablemente reforzada por el progreso de los instrumentos de *grabación* como el video). Prestar atención al discurso tomado en su valor aparente, tal como se presenta, con una filosofía de la ciencia como *registro* (y no como construcción), lleva a ignorar el espacio social en el que se produce el discurso, las estructuras que lo determinan, etcétera.

B.K.: *Esta idea de la construcción del objeto me parece extremadamente importante. Hoy por hoy quizá es trivial para las ciencias naturales, pero no se puede decir que forme parte del "tool kit" de los investigadores en ciencias sociales, como precondición de toda tarea científica...*

P.B.: La necesidad de romper con las preconstrucciones, las prenociones, con la teoría espontánea, es particularmente imperativa en el marco de la sociología, porque nuestro ánimo, nuestro lenguaje, están llenos de objetos preconstruidos y yo pienso que las tres cuartas partes de las investigaciones no hacen más que convertir en problemas sociológicos los problemas sociales. Se pueden tomar mil ejemplos: el problema de la vejez, el problema de las mujeres, planteado de una cierta manera, el problema de los jóvenes... Hay toda suerte de objetos preconstruidos que se imponen como objetos científicos y que, estando enraizados en el sentido común, reciben sin tropiezo la aprobación de la comunidad científica y del gran público. Por ejemplo, una buena parte de los desgloses del objeto corresponden a divisiones burocráticas: las grandes divisiones de la sociología corresponden a la división en ministerios, Ministerio de la Educación, Ministerio de la Cultura, Ministerio de los Deportes, etc. Muchos de los instrumentos de construcción de la realidad social (como las categorías profesionales, las clases de edad, etc.) son categorías burocráticas en las que nadie ha pensado. Como dice Thomas Bernhard, en *Alte Meister*, somos todos más o menos "servidores del Estado", "hombres estatizados" en tanto que productos de la escuela y profesores... Y para desprenderse de preconcepciones es necesaria una formidable energía de ruptura, una violencia iconoclasta que encontramos muy frecuentemente entre escritores como Thomas Bernhard y artistas como Hans Haacke, más que entre los profesores de sociología, aun cuando éstos sean completamente "radicales" en su intención.

La dificultad está en que estos objetos preconstruidos parecen marchar por sí solos, y que, por el contrario, un trabajo científico fundado en una ruptura con el sentido común se enfrenta a un sinfín de dificultades. Por ejemplo, las operaciones científicas más elementales se hacen extremadamente difíciles. Lo hemos aceptado tanto tiempo tal cual, es decir tal como se da, que el mundo social nos ofrece datos ya preparados, estadísticas, discursos que podemos sin problema registrar, grabar, etc. En fin, cuando lo interrogamos como él pide ser interrogado, todo va sobre ruedas; habla voluntariamente, cuenta todo lo que queremos, da cifras..., le gustan los sociólogos que graban, que reflejan, que funcionan como espejos. El positivismo es la filosofía de la ciencia como espejo.

B.K.: *¿Pero tú no te acercas a una posición positivista cuando dices que no sabremos nada de sociología hasta que el sociólogo no haya obtenido sus "datos científicos" por medio de un trabajo científico a la manera de las ciencias naturales? Yo entiendo que en ciencias sociales no se pueden tomar las cosas —los "hechos sociales"— tal como se presentan, y a pesar de ello hay que admitir que los agentes son también expertos en su vida,* *que tienen una conciencia y un conocimiento práctico del mundo social, y que este conocimiento práctico es más que una simple ilusión.*

P.B.: Entre las preconstrucciones que la ciencia debe poner en duda hay una cierta idea de la ciencia; de un lado está el sentido común, del que hay que desconfiar porque los agentes sociales no tienen la ciencia infusa, como decimos en francés. Uno de los obstáculos al conocimiento científico —yo creo que Durkheim tuvo mucha razón al decirlo— es esa ilusión del conocimiento inmediato. Pero en un segundo tiempo es cierto que la convicción de tener que construir contra el sentido común puede favorecer a su vez la ilusión cientificista, la ilusión del saber absoluto. A esta ilusión la encontramos muy claramente expresada por Durkheim: los agentes están en el error, que es privación; privados del conocimiento del todo, ellos tienen un conocimiento del primer género, completamente ingenuo. Después viene el sabio que aprehende el todo y que es como una suerte de Dios en relación con los simples mortales que no comprenden nada. La sociología de la sociología que, para mí, forma parte de la sociología, es indispensable para poner en duda la ilusión del saber absoluto que es inherente a la posición del sabio, y la forma particular que esta ilusión toma según la posición que el sabio ocupa en el espacio de la producción científica. He insistido en este punto en *Homo academicus**: en el caso de un estudio del mundo académico el peligro es particularmente grande; la objetivación científica puede ser una manera de ponerse en una posición de "Dios padre" con respecto a sus concurrentes. Es quizá la primera cosa que descubrí cuando realicé mi trabajo etnológico: hay cosas que no se comprenden más que si se toma por objeto la mirada misma del científico. El hecho de no conocerse a sí mismo en tanto que científico, de no saber todo lo que está implicado en la situación de observador, de analista, es generador de errores. El estructuralismo, por ejemplo —yo traté de

* Ed. cast.: *Homo academicus*, Buenos Aires, Siglo XXI, 2008.

mostrarlo en *Le sens pratique**—, reposa en esa ilusión que consiste en poner en la cabeza de los agentes los pensamientos que el científico se forma a propósito de ellos.

B.K.: *Tenemos la pareja Adorno/Lazarsfeld un poco como el Escila y Caribdis de la sociología, pero tú has hecho también alusiones al humanismo sociológico en* El oficio de sociólogo, *y yo me pregunto un poco qué es este "humanismo" en materia de sociología, que tú has presentado como uno de los peligros.*

P.B.: La sociología empírica ha salido, por una parte, en Francia, en la posguerra, de gente que estaba ligada a los movimientos sociales de la izquierda cristiana (estaba, por ejemplo, el reverendo padre Lebret, que animaba un movimiento llamado "Economía y humanismo"). Ellos hacían una sociología... —¿cómo decirlo?— caritativa. Gente muy muy gentil, que quería el bien de la humanidad... Hay una frase célebre de André Gide que dice: "Con buenos sentimientos se hace la mala literatura". Podría decirse lo mismo: "con buenos sentimientos se hace la mala sociología". Según mi opinión, todo este movimiento de humanismo cristiano o de socialismo humanitario condujo a la sociología a un estancamiento.

B.K.: *Pero este humanismo no es necesariamente cristiano, creo. Podemos encontrar paralelos en una sociología que quiere la izquierda; ésa puede ser una sociología en el espíritu de trabajo social —es además una raíz importante de la sociología anglosajona que se piensa en los Webb— o de una sociología que quiere que el sociólogo desarrolle sus investigaciones a partir de un* Klassenstandpunkt, *a partir de una toma de posición en favor del proletariado.*

P.B.: Desafortunadamente la sociología empírica sobre el ocio, sobre el trabajo, sobre las ciudades, está hecha por gente humanamente perfecta, pero, si se me permite decirlo, demasiado hu-

---

* Ed. cast.: *El sentido práctico*, Buenos Aires, Siglo XXI, 2008.

mana... La ruptura se opera también contra todo eso. No se hace sociología para tener el placer de sufrir con los que sufren. Habría que tener el coraje de decir no a todo eso. Me acuerdo de cuando trabajaba en Argelia, en plena guerra, frente a cosas que me tocaban muchísimo; traté de guardar una especie de distancia que era también una manera de respetar la dignidad de la gente... El modelo que me viene a la mente aquí es Flaubert, es decir, alguien que proyecta sobre la realidad una mirada distante, que ve las cosas con simpatía, pero sin dejarse capturar. Es sin duda lo que hace que yo exaspere a mucha gente: he rechazado el *prêchi-prêcha,* como decimos en francés, la buena voluntad, la gentileza humanista. Un ejemplo de esta actitud es la noción de interés. Evidentemente yo no tomo la palabra "interés" en el sentido de Bentham. Lo he dicho todo el tiempo. Pero era una manera de cortar con esta especie de humanismo, de recordar que también el humanista se da el gusto diciéndose humanista.

B.K.: *Sí, pero cuando se tiene esa mirada crítica, se tiene como una presuposición de que los agentes son cómplices de lo que les pasa. Si no, hay que pensarlos como marionetas reguladas por estructuras sociales completamente exteriores a ellos, como por ejemplo el capitalismo.*

P.B.: La sociología es una ciencia muy difícil. Se navega todo el tiempo entre dos escollos; cuando se evita uno se corre el riesgo de caer en el otro. Por esta razón yo me he pasado toda mi vida demoliendo los dualismos. Uno de los puntos en los cuales insistiría más fuertemente que en *El oficio de sociólogo* es la necesidad de superar las parejas de opuestos, que son frecuentemente expresados por los conceptos en "ismo". Por ejemplo, de un lado tenemos el humanismo, que tiene al menos el mérito de incitar a la gente a acercarse unos a otros. Pero no son gente real. De otro lado, tenemos a los teoricistas que están a mil leguas de la realidad y de la gente tal y como es. Los althusserianos son típicos de esta actitud; esos normalistas, frecuentemente de origen burgués, que no habían visto nunca ni a un obrero, ni a un campesino, ni nada, hacían una gran teoría sin agentes. Este vago teoricismo ha venido justo después de *El oficio de sociólogo*. Según la época habría que escribir de otro modo *El oficio de sociólogo*. Las proposiciones epistemológicas están desprendidas de una reflexión sobre la práctica científica, y en especial sobre los errores; reflexión que está siempre dirigida por los peligros dominantes en el momento considerado. Como el peligro principal cambia en el curso del tiempo, el acento dominante del discurso debe cambiar también. En la época en que *El oficio de sociólogo* fue escrito, había que reforzar el polo teórico contra el positivismo. En los años setenta, en el momento de la eclosión althusseriana, hubiera sido necesario reforzar el polo empírico contra este teoricismo que reduce a los agentes al estado de *Träger*. Toda una parte de mi trabajo, por ejemplo *El sentido práctico*, se opone radicalmente a este etnocentrismo de sabios que pretenden saber la verdad de la gente mejor que la gente misma y hacer su felicidad a pesar de ella, según el viejo mito platónico del filósofo-rey (modernizado bajo la forma del culto a Lenin): nociones como las de *habitus*, prácticas, etc., tienen por función, entre otras, recordar que hay un saber práctico que tiene su propia lógica, que no es reductible a la del conocimiento teórico; que, en un sentido, los agentes conocen el mundo social mejor que los teóricos. Todo esto recordando también que, bien entendido, ellos no lo conocen verdaderamente y que el trabajo del científico consiste en explicitarlo. Explicitar ese saber práctico, según sus articulaciones propias.

B.K.: *El saber teórico o científico no es pues totalmente diferente del saber práctico, porque es construido, como el saber práctico, pero es construido explícitamente; reconstruye el saber práctico de manera explícita y así lo "lleva a la conciencia", como se dice en alemán* (ins Bewusstsein heben). *Al mismo tiempo, no hay que olvidar que aquello que se reconstruye con los medios de la ciencia es la misma "cosa", no es un "objeto" o una realidad que pertenece a otro mundo, inaccesible a los agentes... Pero ¿cómo se opera la construcción del objeto? ¿Cómo hacer, cómo tomar la distancia necesaria sin elevarse enseguida por encima de esos pobres agentes "que no saben lo que hacen", como está escrito en la Biblia?*

P.B.: Yo creo más que nunca que lo más importante es la construcción del objeto. He visto a lo largo de mi trabajo hasta qué punto se juega todo, incluso los problemas técnicos, en la defi .ción preliminar del objeto. Evidentemente esta construcción del objeto no es una suerte de acto inicial, y construir un objeto no es hacer un "proyecto de investigación". Valdría la pena hacer una sociología de los *research proposals* que los investigadores deben producir, en Estados Unidos, para obtener créditos. Se les pide definir previamente sus objetivos, sus métodos; probar que lo que hacen es nuevo en relación con los trabajos anteriores, etc. La retórica que hay que poner en marcha para suscitar el "*methodological appeal*", del que hablan Adam Przeworski y Frank Salomon en un texto destinado a aconsejar a los autores de *proposals* (*On the art of writing proposals*, Nueva York, Social Science Research Council, 1981), encierra una epistemología implícita socialmente sancionada. Al punto de que, cuando un trabajo de investigación empírica no se presenta según las normas de esta retórica, muchos de los investigadores, en Estados Unidos y en otros lugares, tienen la impresión de que no es un trabajo científico. Ahora bien, de hecho ese modo de presentación de un proyecto científico está en las antípodas de la lógica real del trabajo de construcción del objeto; trabajo que se hace no de una vez por todas al comienzo, sino en todos los minutos de la investigación, por una serie de pequeñas correcciones. Lo que no quiere decir que nos enfrentamos al objeto completamente desarmados. Se dispone de principios generales metodológicos que están inscriptos de alguna manera en el *habitus* científico. El "oficio" de sociólogo es exactamente eso: una teoría de la construcción sociológica del objeto convertida en *habitus*. Poseer este oficio es llevar al estado práctico todo lo que está contenido en los conceptos fundamentales, *habitus,* campo, etc. Es saber, por ejemplo, que para darse la oportunidad de construir el objeto, hay que hacer explícitos los presupuestos, construir sociológicamente las preconstrucciones del objeto; o todavía más, que lo real es relacional, que lo que existe son las relaciones, es decir, algo que no se ve, a diferencia de los individuos o de los grupos. Tomemos un ejemplo. Yo proyecto estudiar las grandes escuelas. Desde el principio, al decir "las grandes escuelas" ya he hecho una elección decisiva... Hay todos los años un norteamericano que viene a estudiar la Escuela Politécnica desde sus orígenes hasta nuestros días; u otro que viene a la Escuela Normal... Todo el mundo encuentra eso muy bien; no hay problema. Los objetos están todos constituidos, los archivos también, etc. En realidad, creo —pero no puedo desarrollar este punto—, no se puede estudiar la Escuela Politécnica independientemente de la Escuela Normal o de la Escuela Nacional de Administración; ella está inscripta en un espacio. Así pues, uno estudia un objeto que no es tal. Pero nos reencontramos con lo que dije hace rato: cuanto más se estudia un objeto ingenuo, tanto más los datos se ofrecen sin problemas para ser estudiados. Al contrario, a partir del momento en que digo que el *objeto construido* es el conjunto de las grandes escuelas, estoy frente a miles de problemas; por ejemplo, frente a estadísticas no comparables. Y me expongo a aparecer como menos científico que aquellos que se contentan con el objeto aparente... Tan grandes son las dificultades que hay que superar para asir empíricamente el objeto construido.

B.K.: *Creo que deberíamos hablar un poco del segundo libro de El oficio de sociólogo. ¿Por qué no fue escrito? En el prefacio a la segunda edición francesa se puede leer que estaba prevista la escritura de tres volúmenes: los presupuestos epistemológicos, que es el volumen que existe; un segundo libro sobre la construcción del objeto sociológico, y un tercero que debería contener un repertorio crítico de los instrumentos. Puedo muy bien concebir el tercer libro, pero tengo dificultad para imaginar lo que podría ser un libro sobre la construcción del objeto sociológico.*

P.B.: El primer volumen pudo ser un libro original transformado en manual porque no había nada sobre la cuestión y yo creo, por lo demás, que, aún hoy, no hay gran cosa... La segunda parte se hace mucho más difícil. O bien se hacía un manual clásico, retomando las secciones que se espera encontrar en un manual de sociología (estructura, función, acción, etc.), o bien se hace la misma cosa que en la primera parte, es decir, un tratado original que habría sido una teoría general. Por mi parte, no tenía ganas de hacer un manual clásico, de tomar posición sobre "función y funcionalismo"; era un ejercicio puramente escolar. La tercera parte, sobre los instrumentos, podría haber sido útil, pero esto hubiera sido reconocer la división teoría/empiria que es el equivalente de la oposición, profundamente funesta, de la tradición anglosajona, entre *teoría y metodología*. Estaba dicho en *El oficio de sociólogo* que las diferentes técnicas estadísticas contienen filosofías sociales implícitas que era necesario explicitar: cuando se hace un análisis de regresión, un *path analysis* o un análisis factorial, hay que saber con qué filosofía de lo social se compromete uno, y, en particular saber con qué filosofía de la causalidad, de la acción, del modo de existencia de las cosas sociales, etc. Es en función de un problema y de una construcción particular del objeto como se puede escoger entre una técnica u otra: por ejemplo, si yo utilizo mucho el análisis de correspondencias es porque pienso que es una técnica esencialmente relacional, cuyos fundamentos filosóficos corresponden completamente a lo que es, en mi opinión, la realidad social. Es una técnica que "piensa" en términos de relación, como trato de hacerlo con la noción de campo. Así pues, no se puede disociar *la construcción del objeto de los instrumentos de construcción del objeto*, porque para pasar de un programa de investigación a un trabajo científico se necesitan instrumentos; y se necesita que esos instrumentos estén más o menos adaptados según lo que se busca. Si yo hubiera querido explicar los factores determinantes del éxito diferencial de los alumnos en las distintas escuelas, habría podido (suponiendo que pudiera probar —lo que no es el caso, según creo— la *independencia* de las diferentes variables fundamentales) recurrir al análisis de regresión múltiple.

B.K.: *Entonces volvemos al problema de la construcción del objeto, esta vez del lado de los instrumentos que deben ser adaptados a objetos específicos. El trabajo de sociólogo está, si entiendo bien, muy determinado por las propiedades del objeto específico, su historia...*

P.B.: Es el problema de la particularidad de los objetos. Dada mi concepción del trabajo científico, es evidente que puedo trabajar sólo sobre un objeto situado y fechado. Supongamos que quiero estudiar cómo funciona el juicio profesoral. Supongo que los juicios que los profesores hacen sobre sus alumnos y sobre los trabajos que ellos producen son el producto de la puesta en práctica de estructuras mentales que son el producto de la incorporación de estructuras sociales, tales como, por ejemplo, la división en disciplinas. Para resolver este problema muy general, voy a trabajar sobre los vencedores de un concurso general, o bien, sobre las fichas de notas que un profesor particular ha tomado en los años sesenta, y despejar las categorías que allí se encuentran comprometidas. Si yo las publico hoy, veinte años después, se dirá: "Esos datos son viejos, se acabó, los profesores de letras ya no son los dominantes, ahora lo son los profesores de matemática", etc. En realidad, tengo por objeto las estructuras mentales de un personaje que ejerce una de las magistraturas sociales más poderosas de nuestra sociedad, que tiene el poder de condenar (usted es idiota o nulo) o de consagrar (usted es inteligente) simbólicamente. Es un objeto muy importante, y que puede ser observado en todas partes. A través de mi análisis de un caso histórico, yo doy un programa para otros análisis empíricos realizados en situaciones diferentes de aquella que yo estudié. Es una invitación a la lectura generadora y a la inducción teórica que, partiendo de un caso particular bien construido, se generaliza. Teniendo así un programa (se trata de explicitar las estructuras mentales, los principios de clasificación, las taxonomías que se expresan sin duda en los adjetivos), basta rehacer la encuesta en otro momento y en otro lugar, en busca de las invariantes. Aquellos que critican el carácter "francés" de mis resultados no ven que lo importante no son los resultados, sino los procesos a partir de los cuales fueron obtenidos. Las teorías son programas de investigación que llaman no a la "discusión teórica" sino a la puesta en funcionamiento práctica, que refuta o generaliza.

Husserl decía que hay que sumergirse en el caso particular para descubrir allí lo invariante; y Koyré, que siguió los cursos de Husserl, muestra que Galileo no necesitó repetir mil veces la experiencia del plano inclinado para comprender el fenómeno de la caída de los cuerpos. Le bastó construir el modelo, contra las apariencias. Cuando el caso particular está bien construido deja de ser particular y, normalmente, todo el mundo debería poder hacerlo funcionar.

B.K.: *Veinte años han pasado desde la primera edición francesa de* El oficio de sociólogo *y, durante esos veinte años, la sociología ha evolucionado mucho. Se ha transformado en lo que concierne a la investigación empírica, y tú también has trabajado mucho desde entonces. Así pues tienes mucha más experiencia hoy. Si reescribieras* El oficio de sociólogo *¿qué es lo que cambiarías? ¿Querrías agregar algo?*

P.B.: Sobre todo diría las cosas de otro modo. *El oficio* era un texto programático. Yo tenía una experiencia detrás de mí, pero tenía sobre todo mi insatisfacción, que quería expresar, respecto del discurso sobre la práctica científica. Hoy conozco mejor y de manera más práctica lo que se enunció entonces como un programa. En el fondo *El oficio de sociólogo* es todavía un libro de profesor. Por lo demás hay muchas cosas negativas y eso es típicamente un vicio de profesor... no hagas esto, no hagas aquello... Está lleno de llamadas de atención. Es a la vez programático y negativo. Es un poco como si diésemos un manual de gramática para enseñar a hablar... Aunque *El oficio...* hable todo el tiempo de oficio en el sentido francés ("tener un oficio" es tener un *"habitus"*, una matriz práctica), presenta un discurso didáctico, por consiguiente, un poco ridículo: repite sin cesar que hay que construir pero sin jamás mostrar prácticamente cómo se construye. Yo creo que es un libro que ha hecho mucho mal. Ha despertado gente, pero ha sido enseguida utilizado en un sentido teoricista. Entre las maneras de no hacer sociología —y hay muchas— hay una que consiste en relamerse con grandes palabras y entregarse indefinidamente a los "presupuestos epistemológicos". El oficio se transmite en gran parte como práctica, y para ser capaz de transmitirlo hay que tenerlo profundamente interiorizado. Yo digo frecuentemente en mi seminario que soy un poco como un viejo médico que conoce todos los males del entendimiento sociológico. Hay propensiones al error, que varían según el sexo, el origen social y la formación intelectual: los muchachos son más frecuentemente teoricistas, mientras que las muchachas están socialmente preparadas para ser muy modestas, demasiado prudentes, demasiado minuciosas, para refugiarse en la empiria, en las pequeñas cosas, y hay que animarlas para la audacia, para el aplomo teórico. Pero estas disposiciones varían según el origen social. Es decir, hay toda una serie de enfermedades clásicas que se reconocen. Mi experiencia como director de investigación, a la que hay que agregar la experiencia de todas las enfermedades que yo mismo he tenido en un momento u otro de mi carrera y todos los errores que he cometido, me permiten, creo, enseñar en la práctica, a la manera de un viejo artesano, los principios de la construcción del objeto, y ésta es la gran diferencia con lo que se encuentra en *El oficio*. Si tuviera que rehacer *El oficio* presentaría una serie de ejemplos, o, si se quiere, de "obras maestras", como los que hacían los artesanos en la Edad Media. Como ejemplo de construcción del objeto, daría lo que está en el apéndice de *Homo academicus,* el análisis de una lista de premios de escritores. Yo diría: he aquí el material, ustedes lo tienen ante los ojos. Todo el mundo puede verlo. ¿Por qué está mal construido? ¿Qué quiere decir este cuestionario? ¿Qué es lo que ustedes harían? Lo segundo está en el apéndice de *La distinción,* que se llama "El juego chino". Un día caí por azar en un número de la revista *Sondages,* publicada por el IFOP,[1] y había cuadros estadísticos de las distribuciones de diferentes atributos que los encuestados habían asignado a diferentes políticos (Giscard, Marchais, Chirac, Servan-Schreiber, etc.). El comentario se limitaba a simples paráfrasis: Marchais se parece al pino.[2] Se podría entregar el material bruto a los estudiantes (el artículo de *Sondages*) y después, a título de ejercicio, preguntarles lo que ellos podrían sacar de allí y mostrarles lo que se puede sacar. En los dos casos se trata de desprender las condiciones ocultas de la construcción del objeto preconstruido que sostiene los resultados ingenuamente presentados. En el primer caso hay que cuestionar la muestra: ¿quiénes son los jueces cuyos juicios condujeron a esa lista de premios? ¿Cómo han sido escogidos? La lista de premios ¿no estaba ya incluida en la lista de los jueces escogidos y en sus categorías de percepción?

En el segundo caso hay que interrogar el cuestionario. De manera general, hay que cuestionar siempre los cuestionarios... Quienes han hecho la pregunta han introducido categorías de pensamiento inconscientes (como el pino, que es negro, es sombrío, es la madera de la que se hacen los féretros, está ligado a la idea de la muerte, etc.) y han comprometido a los encuestados para introducir categorías de la misma manera inconscientes que resultan ser más o menos las mismas. Ha habido comunicación de inconscientes. Y una encuesta idiota, científicamente nula, puede de este modo descubrir un objeto científicamente apasionante si, en lugar de leer tontamente los resultados, se leen las categorías de pensamiento inconscientes que están proyectadas en los resultados que ella ha producido. En los dos casos son datos ya publicados que se trataría de reconstruir. Frecuentemente es así. En una palabra, yo daría tres o cuatro ejemplos de casos límite en los que a condición de hacer lo que está dicho teóricamente en *El oficio...* se tiene un objeto en lugar de un simple ar-

---

[1] Instituto Francés de la Opinión Pública.
[2] *Marchais est rapproché du sapin.*

tefacto, o nada de nada. Daría, mejor aún, fragmentos escogidos de trabajos empíricos, con algunos comentarios.

Otra cosa que reforzaría es la sociología de la sociología: esto se mencionó al final de *El oficio*, pero de una manera muy abstracta. Además, todo ese aspecto está muy claramente desarrollado en *Homo academicus*. Pero aparte de eso, la gran diferencia estaría en la manera de exponer... No lo he releído... pero creo que muchas cosas me enervarían sin duda hoy... Estoy seguro de que diría: ¡qué arrogante! Cuando se es joven se es arrogante por inseguridad...

B.K.: *En la primera pregunta te pedí situar un poco* El oficio de sociólogo *en el contexto de hace veinte años; y hoy, si escribieras* El oficio de sociólogo bis, *¿cómo sería el contexto? ¿En qué debate se situaría este libro? ¿Cuáles son los problemas o las barreras específicas que se han manifestado desde entonces en los veinte años de trabajo y de investigación?*

P.B.: La esencia no ha sido verdaderamente transformada. El paradigma "positivista" es aún muy fuerte. Se continúan haciendo investigaciones empíricas sin imaginación teórica, con problemas que son mucho más el producto del sentido común "intelectual" que de una verdadera reflexión teórica. Por otro lado está la gran teoría, la eterna gran teoría, completamente separada de la investigación empírica. Por lo demás, las dos van muy bien juntas, es decir que se puede hacer investigación empírica de tipo positivista haciendo teoría teórica. Lo que se llama hoy teoría son frecuentemente comentarios de autores canónicos (tenemos hoy en Alemania, en Inglaterra y en Estados Unidos muchos de esos *catch-all theories* cuyo modelo es Parsons) o grandes *trend-reports* producidos para cursos (frecuentemente a partir de notas tomadas por los estudiantes...).

Tengo por azar bajo mis ojos dos ejemplares idealmente típicos: un artículo de Robert Westhnow y Marsha Witters, titulado "New directions in the study of culture" (*Ann. Rev. Sociol.*, 1988,

14, pp. 49-97) y otro de Judith R. Blau, "Study of the arts: A reappraisal" (*Ann. Rev. Sociol.*, 1988, 14, pp. 269-292). El estado de la teoría teórica se explica sin duda por el hecho de que estos productos disparatados e inconsistentes de una especie de *fast-reading* escolar, que se asocia frecuentemente con la aplicación de categorías escolares de clasificación igualmente absurdas, ejerce un efecto de lavado de cerebro. Frente a esta teoría, concebida como una especialidad en sí misma, está la "metodología", esa serie de recetas o de preceptos que hay que respetar no para conocer el objeto sino para ser reconocido como conocedor del objeto.

Esto quiere decir que la situación ha cambiado mucho y yo hablaría completamente de otra manera... Pienso que una fracción importante de los productores de sociología en Estados Unidos se ha liberado del paradigma positivista. Ha habido movimientos que, como el interaccionismo, la etnometodología, tuvieron a pesar de todo efectos benéficos. Ellos han dicho cosas que están muy cercanas a lo que está dicho en *El oficio*... (por ejemplo, la reflexión sobre los presupuestos, sobre las *folk theories,* etc.). Está también el desarrollo de corrientes "históricas" que han reintroducido la dimensión histórica en el análisis sociológico, en el análisis del Estado especialmente. Y además está también Kuhn, que ha introducido un poco de tradición europea de la filosofía de la ciencia, recordando cosas cercanas a los temas desarrollados en *El oficio*: la ciencia construye y ella misma está socialmente construida, etc. Creo que existe hoy la posibilidad de una recepción de *El oficio*, mientras que en la época en que fue escrito era desesperante; no se veía a nadie en el mundo que pudiera interesarse en eso. Por ello hicimos un gran esfuerzo para encontrar bajo la pluma de sociólogos los textos apropiados para ilustrar nuestro propósito; sería sin duda mucho más fácil ahora.

Yo creo que ha habido grandes cambios en Estados Unidos, sobre todo porque, al lado de la ortodoxia central, aquella que defendía la tríada capitolina (Parsons, Merton, Lazarsfeld), toda suerte de corrientes nuevas se han desarrollado. Formas de investigación más críticas —y, para empezar, de ellas mismas— han hecho su aparición (aunque en Europa, y particularmente en Alemania, donde el dualismo de la gran teoría y la empiria positivista se perpetúa, parece no ser percibido: la metrópoli cambia, pero en las pequeñas sucursales del imperio cultural norteamericano se continúan haciendo trabajos a la antigua). Es decir, la crítica de las estrategias del discurso o de las estrategias de observación y de conversación, cuando su fin es ella misma, desemboca en una forma de renuncia nihilista y, en el límite, oscurantista, que es totalmente el opuesto de la crítica epistemológica previa del tipo de aquella que se propone en *El oficio* y que tiene por meta hacer progresar la cientificidad de la sociología.

B.K.: *Hay una corriente irracionalista que dice: ¡todo eso no sirve para nada! La ciencia... ¿qué es la ciencia? Es sólo un oficio para ganarse la vida, ¡es todo!*

P.B.: Sí, es ésa la razón por la cual la epistemología es siempre muy difícil. Creo que nadie tiene ganas de ver el mundo social tal como es, hay muchas maneras de negarlo; ahí está el arte, evidentemente. Pero existe también una forma de sociología que alcanza ese efecto extraordinario de hablar del mundo social como si no se hablara de él: es la sociología formalista, que interpone entre el investigador y la realidad una pantalla de ecuaciones por lo general mal construidas. Es también una forma de nihilismo. La denegación (*Verneinung*) en el sentido de Freud es una forma de *escapismo*. Cuando se quiere huir del mundo tal como es, se puede ser músico, se puede ser filósofo, se puede ser matemático. Pero ¿cómo huir de él siendo sociólogo? Hay quienes lo logran. Basta con escribir fórmulas matemáticas, con hacer ejercicios de *game-theorie* o de simulación con su computadora. Para llegar a ver y a hablar del mundo tal cual es, hay que aceptar estar siempre en lo complicado, lo confuso, lo impuro, lo vago, etc., e ir de este modo contra la idea común del rigor intelectual.

4. Profesión: científico*

La sociología es una ciencia que incomoda porque, como toda ciencia ("no hay más ciencia que la de lo oculto", decía Bachelard), devela cosas ocultas, y, en este caso, se trata de cosas que ciertos individuos o ciertos grupos prefieren esconder o esconder*se* porque ellas perturban sus convicciones o sus intereses. Es el caso, por ejemplo, en el que la sociología establece que los altos funcionarios provienen, en proporciones muy importantes, de los medios más privilegiados y, particularmente, de la alta función pública: pone en duda uno de los fundamentos principales de la legitimidad del Estado, es decir, la ilusión de la selección democrática de su personal. De allí que algunos le negarán siempre a la sociología la cientificidad, aunque satisfaga todas las exigencias de una ciencia; los objetos con los que ella trata son frecuentemente posturas políticas que desencadenan las pasiones: es esto lo que hace que muchos lectores de trabajos sociológicos den su aprobación o su desaprobación, no en función del rigor de la demostración lógica o de la verificación empírica, sino en función del grado en el que los resultados confirman o invalidan sus prejuicios.

Mi primer trabajo se centró en la estructura del espacio de la casa kabila. Para llevar a cabo estos estudios reconstruí centena-

---

* *Pour la Science*, n° 149, marzo de 1990. Edición francesa de *Scientific American*. Este texto es una transcripción de la entrevista realizada por Émile Noël a Pierre Bourdieu, que fue difundida por *France Culture*, París, el 14 de marzo de 1990.

res de planos de la casa y de los actos rituales realizados en cada zona de la casa, por ejemplo, cerca del fogón o en el umbral. El análisis de todo lo que se dice a propósito de cada una de las partes de la casa, de lo que se hace con cada uno de los objetos o de los instrumentos que son puestos allí, me permitió desgajar una estructura de oposiciones, un poco parecida a un lenguaje, que permite dar cuenta, como se decía en el gran siglo, de las conductas en apariencia sin ton ni son que la gente lleva a cabo. Habiendo reconstruido esta lógica, he podido advertir comportamientos que no había observado directamente: dónde se hacía la limpieza de los muertos, por ejemplo. Deducción que mis informadores han confirmado posteriormente.

Como los kabileños, nosotros somos conducidos en nuestras prácticas y nuestras opiniones por "mecanismos" profundamente escondidos que la ciencia debe descubrir. La parte de nuestras acciones que controlamos es muy débil con relación a aquella que incumbe a "mecanismos" que, inscriptos en nuestro cuerpo por el aprendizaje, no son pensados conscientemente o que funcionan fuera de nosotros, según las regularidades de las instituciones.

Sobre la base de encuestas y de análisis estadísticos, elaboré hace veinte años un modelo matemático de la frecuentación de los museos. Este modelo, que permitía predecir un aumento considerable del público de los museos y la tasa de crecimiento, ha sido, hasta hoy, validado por los hechos, por la evolución del número de las entradas. Este modelo descansaba principalmente en la existencia de una muy fuerte correlación entre la frecuentación de los museos y el nivel de instrucción medido por los diplomas obtenidos o, más exactamente, por el número de años de estudios (del que se sabe que no ha dejado de aumentar). Esta relación no tiene en sí misma nada de evidente, a pesar de las apariencias: se sabe, en efecto, que el lugar que la enseñanza tiene en la educación artística es muy débil.

Pero hubo gente que se ofendió al ver que el sociólogo reducía el amor al arte (éste fue el título que le di, un poco irónicamente, al libro en el cual expuse los resultados) a un efecto de la educación escolar y familiar (la primera dependía estrechamente de la segunda). A la gente cultivada le gusta pensar que su cultura es un don de la naturaleza; piensan el amor al arte según la lógica del amor súbito, del flechazo o del genio. Todos ellos conocen un conserje cuyo hijo se transformó en un politécnico y piensan que los hijos, si no hubieran sido "estropeados" por la educación, amarían el arte de vanguardia (eso es lo que dicen con gusto los artistas de vanguardia).

Paradójicamente, los mismos que criticaban la existencia de una relación entre los gustos artísticos y la educación o, en otro dominio, entre el éxito escolar y el nivel cultural de la familia, podrían, en otros momentos, reprocharme por enunciar evidencias, si no por decir banalidades.

Una de las razones que hacen que la sociología se esfuerce más que otras ciencias en progresar y en imponer el reconocimiento de sus progresos es porque ella debe descubrir verdades que, siempre difíciles de mantener al día, son en ocasiones profundamente rechazadas o negadas.

Yo he hecho todo lo que he hecho en etnología y en sociología tanto contra todo lo que me había sido enseñado como con todo lo que había aprendido. No quisiera que se viera en esta fórmula una afirmación de la pretensión, frecuente entre los artistas y los escritores, de ser un punto de partida original, un creador increado que no debe nada a nadie. Quiero decir simplemente que, sacando constantemente partido de mi formación, y en particular de mi cultura teórica, y para poder sacar de allí verdaderamente partido, he debido romper con la pretensión de la altura teórica a la que estaba asociada mi trayectoria escolar, la de filósofo normalista: aquellos que se distinguen por una carrera "brillante" no pueden, sin rebajarse, comprometerse a trabajos prácticos tan vulgarmente bajos como todos los que forman parte del oficio del sociólogo. Las ciencias sociales son difíciles por razones sociales. El sociólogo es aquel que va por la calle e interroga al primero que pasa, que lo escucha y aprende de él. Es lo que hacía Sócrates. Pero los mismos que celebran todos los días el culto a Sócrates son los últimos en comprender y admitir esta suerte de abdicación del filósofo-rey frente a "lo vulgar" que pide la sociología.

Por supuesto que la conversión que he debido operar para llegar a la sociología no está desligada de mi trayectoria social: yo pasé mi infancia en un pueblecito atrasado, como se dice en las ciudades, del sudoeste de Francia. Y no habría podido satisfacer las primeras experiencias escolares más que repudiando o renegando muchas de mis primeras experiencias y mis primeras adquisiciones. Y no solamente un cierto acento... La etnología y la sociología me han permitido reconciliarme con mis experiencias primitivas y asumirlas sin perder nada de lo que yo había adquirido desde entonces. Es algo muy raro entre los tránsfugas, que viven frecuentemente en el malestar o la vergüenza de su experiencia originaria.

Cuando trabajaba en Argelia, con los campesinos kabileños, usaba frecuentemente, para entender, analogías con el mundo campesino que conocí en mi infancia. Para hacer patentes los términos de estas analogías, emprendí un estudio sobre el pueblo en el que pasé mi infancia y mi adolescencia. Y lo que aprendí, tanto sobre mí mismo como sobre lo que estudié en el curso de esta investigación, es lo que me ha permitido trasponer lo que era entonces el modelo dominante en materia de teorías del parentesco: allí donde se describían los matrimonios como el producto de la puesta en práctica de estructuras inconscientes (en la tradición estructuralista representada especialmente por Lévi-Strauss), yo mostré que los matrimonios, en Béarn y también en Kabilia, eran el producto de *estrategias* complejas, y con frecuencia colectivamente elaboradas. Mostré también que no se podía dar cuenta de cada elección matrimonial sino a condición de tomar en consideración todo un conjunto de variables, entre las primeras de las cuales estaban todas las características de la *casa*, entendida ésta en el sentido de conjunto de bienes, tierras, edificios, apellido familiar, honor, reputación, y también en el sentido de conjunto de personas, toda la gente de la casa, que se trata de reproducir biológicamente, pero también socialmente.

Este cambio de perspectiva teórica era, sin duda, inseparable de un cambio en la relación teórica con este objeto particular que son los agentes sociales: cambio que no estaba en sí mismo desligado del hecho de que yo tenía un punto de vista menos distante, menos exterior y superior, sobre personas que me eran *familiares*.

Descubrí, leyendo a Flaubert, que estaba sin duda muy marcado por otra experiencia social, la del internado. Flaubert dice más o menos: "Aquel que ha conocido el internado a los diez años conoce todo sobre la sociedad". No es por azar que el hermoso libro titulado *Asilos*, que mi amigo Erwing Goffman, el gran sociólogo norteamericano, ha consagrado a lo que él llama "instituciones totales" (cuarteles, conventos, hospitales psiquiátricos, campos de concentración y también internados), haya sido muy revelador tanto sobre el poder de las instituciones como sobre las estrategias que los individuos emplean para sobrevivir a las coacciones, a veces terroríficas, que aquéllas imponen. Me pregunto, a veces, de dónde me viene la capacidad de comprender y también de anticipar la experiencia de situaciones que no he conocido: pienso, por ejemplo, en el trabajo en cadena o en la vida de oficina. Yo creo que he tomado, en mi infancia y a todo lo largo de una trayectoria social que, como la de todas las personas en ascensión rápida, me ha llevado a atravesar muchos medios sociales, toda una serie de fotografías mentales que mi trabajo de sociólogo me da la ocasión de desarrollar.

Con la misma lógica que me condujo a estudiar el pueblecito de mi infancia mientras estudiaba a los aldeanos kabileños, me propuse tomar por objeto mi propio universo como universitario. Estoy convencido, en efecto, de que muy frecuentemente las proposiciones con pretensión universal que los universitarios escriben sobre el Universo no son más que la universalización de su experiencia particular de la universidad.

La filosofía crítica nos ha enseñado que previo a todo conocimiento riguroso está el conocimiento de los instrumentos de conocimiento. Esto no ha sido nunca tan verdadero como en la sociología: el sociólogo está siempre expuesto a aplicar al mundo social categorías de pensamiento que han sido inculcadas en su espíritu por el mundo social. Por ello le es necesario analizar sociológicamente las condiciones sociales de producción de sus instrumentos de pensamiento. Esto lo hice en una investigación en la que estudié, en 1967, al conjunto de profesores parisienses de las facultades de letras, de ciencias, de derecho y de medicina. Quería no solamente comprender las leyes de funcionamiento de ese microcosmos social que es el mundo científico —que es el trabajo ordinario del sociólogo— sino también y sobre todo tratar de ver cómo, a través de estas leyes, se ejercen sobre el pensamiento del sociólogo (y también de otros especialistas) toda suerte de limitaciones cognoscitivas.

Me impresionan mucho, cuando hablo con mis amigos químicos, físicos o neurofisiólogos, las semejanzas entre su práctica y la del sociólogo que hace realmente su oficio. Una jornada de un sociólogo se asemeja mucho a la de un científico ordinario, con su parte de cocina experimental, de análisis estadístico, de lectura de artículos científicos, de discusión con los colegas, etcétera.

Muchas dificultades que encuentra la sociología están en el hecho de querer a todo precio que no sea una ciencia como las otras. Por supuesto, no se trata de negar la especificidad de lo "humano", negación en la que los filósofos y muchos malos sociólogos se apoyan para impugnar la posibilidad de una ciencia del hombre. Se trata solamente de encontrar los recovecos, ver los ardides que permiten dar cuenta de ella científicamente, *sin reducirla*.

En efecto, se espera a la vez demasiado y demasiado poco del sociólogo. Si yo hiciese una lista de los temas con respecto a los cuales los periodistas me piden entrevistas que rechazo casi siempre, pero que muchos de los sociólogos entre comillas se apresuran a aceptar, estaría aterrorizado: pueden ir desde la amenaza de la guerra hasta el largo de las faldas, pasando por la evolución del partido comunista o el sida. Se confiere al sociólogo un papel que es el del profeta, capaz de dar respuestas de apariencia coherente y sistemática a todas las preguntas de la existencia y en particular a las cuestiones de la vida y de la muerte. Es una función desmesurada e insostenible, que no es sano conceder a un hombre. Pero al mismo tiempo se le niega (al sociólogo) lo que puede realmente reivindicar: la capacidad de responder de manera precisa y verificable a un cierto número de problemas que es capaz de construir científicamente.

Las particularidades de la sociología se acercan mucho a la imagen que se hacen de ella los profanos. Durkheim decía que uno de los mayores obstáculos para la constitución de la sociología como ciencia reside en el hecho de que cada quien, en sus materias, piensa tener la ciencia infusa. Los intelectuales y los periodistas, especialmente, que no soñarían en discutir un trabajo de física o de biología, o incluso un debate con pretensión filosófica entre un físico y un matemático, no vacilan, sin embargo, en juzgar un análisis científico, igualmente exigente y riguroso, del funcionamiento de la universidad o del mundo intelectual.

La ciencia social que, como toda ciencia, está construida contra el sentido común, contra las apariencias primeras, está por ello también permanentemente sometida al veredicto del sentido común. Es así como los investigadores menos competentes —para no hablar de los simples profanos— están seguros de encontrar cierta aprobación entre los profanos más directamente interesados cuando se proponen "refutar" en nombre del sentido común las adquisiciones científicas obtenidas al precio de una ruptura —frecuentemente difícil de poner en práctica y hacer comprender— con el sentido común (habría que poner ejemplos pero sería largo y difícil). La refutación científica de estas "refutaciones" a la usanza de los profanos no es siempre fácil, paradójicamente. Schopenhauer cuenta en alguna parte que una de las estrategias retóricas que considera de las más desleales consiste en lanzar al adversario, en un debate público, una objeción a la cual este último no puede responder verdaderamente sin dar argumentos que pasarán por encima de la comprensión de la mayoría del público: el sociólogo frecuentemente está situado ante este tipo de situación. Puede refugiarse en el silencio y dejar el estrado a los titiriteros. Pero no le es fácil resignarse a esta retirada cuando él cree, como yo, que su ciencia puede cumplir funciones liberadoras, tanto como las otras ciencias, si no es que más.

SEGUNDA PARTE
El oficio aplicado a un campo

5. ¿Qué hacer con la sociología?*

JACQUES BASS: *Hoy, cuando la figura del "intelectual comprometido" no representa más que un mito, ¿qué contribuciones, en el sentido de investigador profesional, puede "el intelectual" aportar al movimiento sindical? ¿Qué legitimidad, qué tipo de reconocimiento podría esperar? Después de la historia y del fracaso de la colaboración de los intelectuales con el partido comunista, ¿cómo vislumbra los nuevos intercambios entre intelectuales y sindicatos? Éstos son, globalmente, los interrogantes a los que me gustaría que usted diera respuesta.*

IMPORTANCIA DEL "CAPITAL CULTURAL"

Pero, para comenzar, quisiera plantearle un primer problema. Su campo de investigaciones está bastante alejado de las cuestiones de sociología que son corrientemente abordadas por los sindicalistas. Usted ha escrito poco sobre la sociología del trabajo, la empresa o las relaciones industriales; por el contrario, ha trabajado sobre la escuela, el campo cultural. Su último libro lleva a los mecanismos de selección y de constitución de lo que ha llamado "la nobleza de Estado". ¿En qué pueden ser útiles estos análisis a una organización sindical?

PIERRE BOURDIEU: Pienso que la variable educativa, el capital cultural, es un principio de diferenciación casi tan poderoso como

---

* Entrevista de Jacques Bass, director de la revista CFDT-*Aujourd'hui*, con Pierre Bourdieu, París, 1991.

el capital económico. Hay toda una nueva lógica de la lucha política que no puede comprenderse si no se tiene en mente la distribución del capital cultural y su evolución... Yo pienso que la CFDT [Confederación Francesa del Trabajo] tiene entre sus adherentes a mucha gente que es cuasi intelectual, que, en todo caso, está ubicada en el polo intelectual de una manera o de otra. Hay que tomar en cuenta estas cosas para elaborar estrategias políticas o sindicales adecuadas. En particular, hay un discurso sindical que está por inventarse y la CFDT es un lugar en el que se podría elaborar el nuevo ajuste entre la lógica tradicional del militantismo y las nuevas exigencias culturales.

J.B.: *Continuando en esa dirección, es cierto que, desde sus primeros trabajos, pasando por* Los herederos,[1] La distinción[2] *o* La reproducción,[3] *hasta* La nobleza de Estado,[4] *usted no ha cesado de llevar adelante este trabajo sobre el capital cultural, los mecanismos sociales de apropiación de este capital y la definición socialmente reconocida de la competencia legítima. Yo me pregunto: ¿cómo el sindicalismo podría sacar provecho de estos análisis de la "representación simbólica" del orden social que, me parece, desempeñan para usted un papel considerable en el sistema de fuerza entre los grupos sociales?*

P.B.: Si yo pensé en la CFDT, en los años ochenta, para esta tentativa de acción común intelectuales-CFDT,[5] es porque ella, la Confederación, me pareció, por tradición histórica y también por posición en el espacio de los sindicatos, particularmente sensible a los problemas que, desde mi punto de vista, son muy im-

---

1 Pierre Bourdieu, *Les héritiers,* éditions de Minuit, 1964, nueva edición, 1966. [Ed. cast.: *Los herederos,* Buenos Aires, Siglo XXI Editores.]
2 Pierre Bourdieu, *La distinction,* éditions de Minuit, 1979, nueva edición 1982. [Ed. cast.: *La distinción,* Madrid, Taurus.]
3 Pierre Bourdieu, *La reproduction: éléments pour une théorie du système d'enseignement,* éditions de Minuit, 1970. [Ed. cast.: *La reproducción,* Fontamara, México.]
4 Pierre Bourdieu, *La noblesse d'État,* éditions de Minuit,1989.
5 "Les intellectuels et les pouvoirs", en Michel Foucault, *Une histoire de la vérité,* éditions Syros, 1985.

portantes: los problemas de lo simbólico. En las luchas tradicionales, los sindicatos y los partidos tienen un retraso de dos o tres revoluciones políticas.

J.B.: *¿Puede usted precisar?*

P.B.: Por razones históricas, porque Francia es un país en el cual ha habido muchos movimientos sociales, donde los dominantes se enfrentan y luchan desde hace mucho tiempo, la gestión de las relaciones sociales es muy sutil, muy refinada, muy compleja, y en particular la gestión de la dimensión simbólica de la dominación, de lo que en la dominación se ejerce a través de la cultura... La conciencia política no ha venido enseguida. Un ejemplo, que es uno de mis caballitos de batalla, es el de los sondeos de opinión: es una de las armas más sutiles de la dominación que se ejerce especialmente en el medio político y que no es analizada. No sabemos cómo defendernos contra eso.

"SONDEOS" Y DEMOCRACIA

J.B.: *Usted escribió un artículo sobre los sondeos que tenía por título "La opinión pública no existe".*[6]

P.B.: Sí, pero estos análisis no son comprendidos, voluntariamente o no, por la gente que debería ser particularmente esclarecida y esclarecedora. Muchos intelectuales hacen como si creyeran o creen verdaderamente que, cuando yo digo que la opinión pública no existe, afirmo que los sondeos son peligrosos y que tomo posición contra la democracia. Porque, dicen ellos, los sondeos consisten en consultar a la gente, y ¿qué hay más democrático que esto? De hecho ellos no ven absolutamente que el

---

6 Reproducido en *Questions de sociologie*, éditions de Minuit, 1980.

sondeo no es un instrumento de consulta democrática, sino un instrumento de demagogia racional. La demagogia consiste en conocer muy bien las pulsiones, las expectativas, las pasiones, para manipularlas o simplemente para registrarlas, ratificarlas, lo que puede ser la peor de las cosas (basta pensar en la pena de muerte o en el racismo). Las ciencias sociales son muy frecuentemente utilizadas como instrumento de dominación. Los conservadores de todos los países, estalinistas o reaganianos, están contra las ciencias sociales. Ahora bien, cuando se utilizan como instrumentos de dominación, nadie encuentra nada que criticar. El problema es que los movimientos críticos no tienen siempre todas las armas para defenderse contra esas formas de dominación. La dominación simbólica es una forma suave de dominación que se ejerce con la complicidad arrancada por la fuerza (o inconsciente) de aquellos que la sufren.

J.B.: *Usted ha dicho "forma suave". Al leerlo, yo tenía la impresión de que la "dominación simbólica", al contrario, era extremadamente violenta.*

P.B.: Sí, pero es una violencia que se ejerce por vías muy suaves, y que pasa de este modo inadvertida. Por ejemplo, hay un excelente libro que acaba de aparecer: Patrick Champagne, *Hacer la opinión*.[7] Es un libro muy importante que desmonta minuciosamente todos los mecanismos a través de los cuales se ejerce la dominación hoy. Debates televisados o radiofónicos, editoriales inspirados, etc., que parecen constituir la vida misma de la democracia, pueden ejercer un efecto formidable de censura —lo hemos visto en la guerra del Golfo, al menos al principio— escondiendo los verdaderos problemas. El consenso sobre los falsos conflictos que engendran todos esos periodistas atrapados en una red de competencia y de interdependencia tiene por efecto ocultar todos los verdaderos

---

7 Patrick Champagne, *Faire l'opinion, le nouveau jeu politique,* éditions de Minuit, 1990 (collection "*Sens commun*").

problemas, que son olvidados y que aparecen solamente en los períodos de crisis.

SISTEMA DE ENSEÑANZA Y CRISIS POLÍTICAS

Voy a tomar un ejemplo y volver a su pregunta inicial acerca de lo que la sociología de la educación y de la cultura puede aportar al movimiento sindical. Se podría decir que muchas de las grandes crisis políticas que han sobrevenido en Francia desde los años sesenta (1968, el movimiento de defensa de la enseñanza privada, del cual la izquierda no ha comprendido nada, la revuelta contra la reforma Devaquet, los movimientos actuales en el bachillerato, y podría agregar la acción de las coordinaciones, de las enfermeras, de los estudiantes, etc., en diferentes períodos) tienen que ver con el sistema de enseñanza y con las funciones más profundas que ese sistema cumple y que yo he analizado en *La noblesse d'État*. Por ejemplo, hoy, en noviembre de 1990, la gran nobleza de los tecnócratas de la ENA (Escuela Nacional de Administración) está enfrentada a una suerte de motín de los rechazados, presentes o futuros, del sistema de enseñanza. Ella descubre bruscamente, cuando se producen los incidentes de Vaux-en-Velin o las manifestaciones de los alumnos de la escuela preparatoria, lo que los sociólogos gritan desde hace veinte años pero en el desierto... Y van a intentar hacer en caliente, es decir en las peores condiciones, lo que debió haberse hecho desde hace mucho tiempo, quiero decir, por lo menos desde 1981.

La prensa y los hombres políticos, que tienen los ojos fijos en la prensa y en los sondeos, descubren los problemas fundamentales por eclipses, y siempre demasiado tarde. Descubren la deriva de los continentes, que avanza día tras día, milímetro a milímetro, cuando hay un terremoto. Volvamos, por ejemplo, al informe del Colegio de Francia sobre la enseñanza del porvenir que, por lo demás, había sido saludado con un comunicado elogioso por la CFDT: veremos que toda una serie de medidas, que van a ser tomadas ahora (al menos yo lo espero) con precipitación, estaban allí propuestas: pienso por ejemplo en la institución de una verdadera vida comunitaria en los establecimientos de enseñanza, o en la reforma de la formación de la gente encargada de orientar a los jóvenes. Ahora bien, ese informe, que ha estado incluido en las promesas del presidente-candidato, ha quedado como letra muerta. ¿Por qué? Habría que hacer intervenir, además del enfoque del medio político y de la prensa únicamente sobre lo sensacional —y de aquí los efectos de la propaganda—, el hecho de que los grandes sindicatos dejen a sus subunidades profesorales el encargo de pensar y hablar sobre los problemas de la educación. Yo he estado en Alemania para discutir el informe del Colegio de Francia, frente a un sindicato integrado por todas las categorías de los trabajadores: les aseguro que los problemas se plantean de otro modo. La educación es un asunto de todos y no solamente del ministro de Educación Nacional y de los sindicatos de docentes. Ya no se puede plantear ninguno de los problemas que se plantean tradicionalmente los sindicatos (desde la emigración hasta el mejoramiento de los salarios o de las condiciones de trabajo) sin tomar en cuenta centralmente el papel de la educación y del sistema de enseñanza. Los sindicatos deben tomar posición sobre las funciones de la escuela, sobre la misión de los profesores, sobre el papel de los diplomas, sobre el papel del título escolar en la selección de los cuadros, sobre el contenido de la formación, etcétera.

"EL SENTIDO COMÚN" Y EL SOCIÓLOGO

J.B.: *Los sondeos no pueden captar sino el sentido común. Todo su trabajo como sociólogo consiste justamente en hacer la crítica del sentido común.*

P.B.: Sí. Los sondeos son "una ciencia sin sabios": es un instrumento de registro que se cree objetivo porque es pasivo, mientras que la ciencia comienza siempre por romper con el sentido común, las evidencias, etc. Ahora bien, los sondeos hacen preguntas de sentido común y no saben deducir el sentido profundo de las respuestas de sentido común que obtienen. Engendran artefactos, cosas que no existen y que ellos producen con todas sus piezas.

J.B.: *En definitiva, yo lo percibo a usted como el sociólogo de la develación, de la enunciación de lo que está oculto, de aquello que va de suyo, de lo no dicho. He releído* Cuestiones de sociología,[8] *que es uno de sus libros que prefiero, en el cual nos habla de "descubrir los fundamentos ocultos de la dominación", "de volver contra el poder intelectual sus propias armas".*

P.B.: Sí, por ese motivo mi posición en el medio intelectual no es fácil: aparezco como alguien que molesta, para decir las cosas crudamente, porque tomo por objeto el mundo intelectual, que toma siempre por objeto los otros mundos, y que no se estudia a sí mismo sino muy raramente y haciendo entonces prueba de una indulgencia que no muestra jamás cuando estudia los otros medios. Ahora bien, es cierto que el mundo intelectual en un sentido muy extenso contribuye a esta dominación suave, refinada en sus medios: sistema escolar, medios, sondeos, ciencias sociales inclusive. Podría mencionar todos los libros consagrados a la cultura o a la educación que, muy frecuentemente bajo aires progresistas y críticos, defienden los intereses de los pequeños portadores de capital cultural o, si usted prefiere, de los tenedores de empréstitos rusos de la cultura, que la evolución del sistema escolar ha frustrado. Pero sería necesario también analizar la génesis social de todos esos falsos debates que surgen periódicamente y que ocupan a todo el mundo periodístico-intelectual: hoy es "el regreso del liberalismo". Ayer o anteayer, "el fin de las ideologías", y, sin embargo, seis meses más tarde,

---

8 Pierre Bourdieu, *Questions de sociologie*, 1980. [Ed. cast.: *Cuestiones de sociología*, Madrid, Istmo.]

Mayo del 68... Poco tiempo después, era el fin del estructuralismo, o la muerte del marxismo. Todo esto no quiere decir casi nada. Sin embargo, no es que no produzca efectos. Cuando usted habla de las cosas que van en el sentido de las pulsiones de la gente, de las tendencias inmanentes al mundo social, desafortunadamente usted es escuchado. Cuando dice cosas que incomodan, que molestan —y es una trivialidad decir que la verdad incomoda frecuentemente—, tiene mucha menos oportunidad de ser escuchado. Tome el ejemplo del debate sobre le *port du voile*.[9] La gente que ha lanzado el debate sobre ese tema tiene en común el no conocer nada del problema del que habla, de desplazar sobre el terreno de los grandes principios problemas que no se pueden plantear en su realidad sino a condición de ir a verlos de cerca, y de registrar, de observar humilde y metódicamente. A todos esos filósofos mediáticos quisiera recordarles que Sócrates bajaba a la calle e iba a discutir con un muchacho esclavo. Se sabe dónde están hoy los muchachos esclavos que hay que interrogar, escuchar, comprender, interpretar...

Lo que es muy sorprendente es que la gente más competente está condenada al silencio. Primero, porque no se reconoce en los problemas tal como son planteados y porque su primer movimiento sería hacerlos explotar en pedazos. Y, usted sabe, a los periodistas no les gusta eso... En el último número de *Liber*,[10] nosotros hemos hecho hablar a un gran especialista del mundo árabe. ¡Todo el mundo ha encontrado esto magnífico! ¿Por qué? Porque él ha hablado de los descubrimientos que han hecho investigadores poco conocidos que trabajaron en Egipto, en Siria, en Argelia. Existen especialistas como éstos sobre todos los temas. Pero son frecuentemente desalentados.

---

9 Gilles Kepel, *Les banlieues de l'Islam*, Le Seuil, 1987. Acaba de ser publicado *Intellectuels et militants dans l'Islam contemporain*, Le Seuil, 1990.

10 *Liber*, *"Revues Européenne des Livres"* es un suplemento bimestral publicado en común por la *Frankfurter Algemeine Zeitung, l'Indice, El País, Le Monde*. La experiencia de *Liber* será evocada en un artículo que está por aparecer en uno de nuestros próximos números (NDLR).

DAR UN POCO DE FUERZA A LA PALABRA ILEGÍTIMA

J.B.: *¿Esto no nos devuelve a las nociones de lo legítimo y de lo ilegítimo de las que usted ha hablado? ¿Al hecho de que la palabra ilegítima no pueda ser entendida?*

P.B.: Sí, uno de los problemas está ahí. Se trata de dar un poco de fuerza a la palabra ilegítima, herética, heterodoxa. La ciencia es por definición herética, paradójica, en ruptura con la *doxa,* es decir, con la opinión y la creencia común, la que vehiculan los debates ordinarios. Dar un poco de fuerza social a esta palabra herética es una acción que yo considero como militante.

J.B.: *¿Analizando pues los mecanismos por los cuales se constituye la palabra legítima?*

P.B.: Y sobre todo la censura de la palabra ilegítima. Hay en cada momento una ortodoxia. Si usted dice a estas gentes de muy buena fe, y todos muy honestos y contentos de hacer bien su oficio, que son los líderes de la opinión periodística en París, que forman una ortodoxia, ellos se indignarán. Sin embargo yo pienso que ellos producen una forma de ortodoxia contra la cual es muy, pero muy difícil tomar distancia. Es necesario consumir mucha energía para llegar a hacer pasar algunas pequeñas cosas.

J.B.: *En el prólogo a* Cuestiones de sociología, *usted escribe: "La sociología no valdría ni una hora de trabajo si ella debiera ser un saber de experto, reservado a expertos". Es un verdadero manifiesto...*

P.B.: Sí, pero desafortunadamente la sociología es con frecuencia condenada a ser eso. Es una especie de ciencia paria, que desde su origen está destinada a una existencia difícil y siempre amenazada. Hay un muy buen libro que acaba de ser traducido al francés, *Las tres culturas*, de Wolf Lepenies.[11] Es la historia de las relaciones entre la sociología, las ciencias de la naturaleza y la literatura. Es un libro que hace comprender la situación desafortunada de esta disciplina que ha sido siempre bastarda, tironeada entre la literatura de un lado y la ciencia del otro; y también, lo que Lepenies olvida, entre la ciencia y la política, entre el rigor de un discurso destinado a los pares y los expertos, y las facilidades o las complacencias de un discurso destinado a los no especialistas. Desafortunadamente, eso es lo que por lo general se espera del sociólogo, una forma de discurso que acepta los problemas y los presupuestos de la doxa, que acepta responder a las cuestiones de los sondeos de opinión y de los periodistas, en lugar de tomar como objeto de estudio esas cuestiones y a los periodistas que las plantean. Y todo ello con el fin de poder hacer las verdaderas preguntas que los discursos incesantes de los periodistas ocultan.

La sociología tiene muchas dificultades para hacerse entender por el gran público, porque los profesionales de la palabra pública, los responsables de los medios que controlan el acceso al gran público, tienen toda suerte de razones para obstaculizar la difusión del conocimiento científico del mundo social. De ahí se sigue que una gran parte de lo que las ciencias sociales podrían aportar se pierde y las adquisiciones de estas ciencias no alcanzan a llegar a la conciencia común. Un ejemplo: mi amigo Aaron Cicourel, profesor de la Universidad de San Diego, que examina cómo la estructura de las relaciones entre enfermos, enfermeras, internos y médicos puede alterar la comunicación entre el enfermo y el médico y acarrear muchas veces errores de diagnóstico con consecuencias graves. Antes de que los resultados de sus trabajos lleguen a la conciencia común y se pueda obtener de ellos provecho, se necesitarán muchos años. Entre otras razones porque el cuerpo médico se reúne para discutir los casos extre-

---

11 Wolf Lepenies, *Les trois cultures: entre science et littérature l'avènement de la sociologie*, éditions de la Maison des Sciences de l'Homme, 1990.

mos como el problema de las madres portadoras de virus, o de la eutanasia, de todas esas "cosas" que excitan a los medios y que son infinitamente menos importantes, y no sólo en términos de frecuencia estadística, que los problemas aparentemente muy triviales que plantea la comunicación entre el enfermo y el médico, entre el médico y la enfermera, etc. Es necesario ir a contrapelo del sentido común para hacer y dar a conocer todas las investigaciones de este tipo. En el prefacio que usted acaba de citar, yo continúo diciendo, más o menos, que desafortunadamente el sociólogo no puede contar con la ayuda de aquellos que alguien llamaba los "altoparlantes" para ayudarles a hacer pasar su mensaje. Esto no siempre es cierto. Yo podría decir que el diálogo que nosotros tenemos en este momento es testimonio de ello. Descubro todos los días gente, entre los sindicalistas, los periodistas, los políticos (sin hablar de todos los anónimos que escriben, sostienen, difunden), que quiere luchar, con sus medios, en sus lugares, para tratar de que se escuche lo que la investigación puede aportar sobre "los problemas de la sociedad". Y yo veo como prueba de ello los sacrificios que actualmente cuatro grandes periódicos europeos han aceptado con vistas a hacer posible una experiencia como la de *Liber*, es decir, una revista que da a los artistas, a los escritores, a los científicos la posibilidad de discutir y de presentar ellos mismos, sin intermediarios, las adquisiciones más avanzadas de sus investigaciones a un público de más de dos millones de lectores.

UN ORDEN SOCIAL UNÍVOCO

J.B.: *Usted evocó hace poco la crisis del marxismo. Independientemente de lo que uno piense del marxismo, incluso si se piensa muy mal de él, se hace evidente que se presentaba como una interpretación alternativa del mundo (y no solamente como eso) y que ha desempeñado ese papel entre muchos intelectuales y en una parte mayoritaria —al menos en Fran-*

cia— *del movimiento obrero. Su invalidación, ¿no deja más que una sola representación legítima y monopolística, podríamos decir, del orden social? ¿Cómo analiza usted hoy, desde un punto de vista político, la representación del orden social?*

P.B.: De hecho, yo pienso que hay todo un trabajo objetivamente orquestado en favor del liberalismo. Y una de las razones del éxito de este trabajo insidioso (cuya aparición analicé en mi investigación sobre la política de la vivienda, de finales de los años setenta) es precisamente la alternativa del liberalismo y del socialismo, que hace creer que fuera del socialismo o del marxismo no hay nada saludable (más que el liberalismo). Ahí tenemos un ejemplo de esos problemas planteados en términos de alternativas simples, de las que yo hablaba hace rato. De hecho, frente al liberalismo salvaje, que no es defendido en su forma extrema más que por los economistas de Chicago —lugar también de uno de los guetos más siniestros del mundo contemporáneo—, existen otras posibilidades pero difíciles de elaborar, en parte porque el marxismo estaba llamado a ocupar esa posición (aunque todos los progresos logrados en las ciencias sociales desde hace treinta años se han formulado contra el marxismo). Se hace creer que es el liberalismo o nada.

Cuanto más avanza la ciencia, más hace pedazos los grandes problemas sobre los que disertan los ensayistas. Nueve veces de cada diez, cuando me hacen preguntas me siento mal. No porque el problema sea demasiado difícil, sino porque está tan mal planteado que anula de antemano el sentido mismo de la respuesta. Y es así porque inscribe toda respuesta posible en la serie de respuestas ya ofrecidas por los ensayistas que producen o aceptan tal cual los falsos problemas. El primer movimiento del investigador es el de volatilizar las preguntas de sentido común y las que plantea el periodismo, de volverlas a presentar de otro modo.

Se habla del fin de los intelectuales. Cuando se está al corriente, aunque sea un poco, en lingüística, en historia, en sociología, en etnología y en filosofía, en economía, no se pueden hacer croquis a lo Sartre. Se necesita todo el descaro de quienes los periodistas llaman "filósofos" para hablar sobre los problemas de la sociedad, como se dice, sin otras armas que un pequeño bagaje de profesor de filosofía a la francesa. Hoy en día, la ciencia social es extremadamente rica, compleja, matizada, y esto es porque se es mucho más sabio cuando se es mucho más prudente. Tomemos un problema aparentemente sencillo, el de la defensa de la lengua francesa o de la francofonía. Hubo un tiempo en el que cierto ministro de Educación, amigo de las ideas simples, hizo de ello un caballito de batalla. ¿Qué puede decir un lingüista, o un sociólogo o un sociolingüista sobre el particular? Nada. Salvo que todo ello no tenía sentido. Ahora bien, haga la pregunta, en nombre de *Le Monde* o de *Le Nouvel Observateur*, a cincuenta intelectuales, y usted obtendrá cuarenta y nueve respuestas, todas tan desprovistas de sentido que harán hablar durante ocho días a los periodistas. Y, sin embargo, está el problema de las lenguas nacionales o regionales, y de los nacionalismos o regionalismos que ellas fundan o justifican, y se necesitaría discutir mucho de todo eso de modo un poco metódico, especialmente a la escala de Europa. Los especialistas, por su silencio (que puede ser deliberado o forzado), contribuyen a abrir las puertas al ensayismo. Por esto yo me batiré siempre para convencer a los periodistas y a todos aquellos que tienen un cierto poder sobre los instrumentos de difusión que ellos deben, en cambio y contra todo, apelar a los mejores especialistas; y trabajaré siempre por convencer a los especialistas (lo cual no siempre es fácil: ellos tienen también sus cautelas, sus temores, sus egoísmos) de tomar la palabra públicamente, en forma individual o colectiva, sobre los grandes problemas que son de su competencia.

J.B.: *Es un poco una de las hipótesis de trabajo para* CFDT-*Aujourd'-hui el decir que, detrás de este aparente hundimiento de las grandes explicaciones globalizantes, se asiste a una multiplicación de saberes que no forman un cuerpo teórico pero que presentan un gran interés por su riqueza, su diversidad. Hacer conocer esas investigaciones, esos análisis, aunque estén inacabados, o sean fragmentarios, contradictorios, y contribuir así al diálogo con los sindicalistas, he ahí un poco mis ambiciones, si me atrevo a decirlo, para la revista.*

P.B.: Si muchos intelectuales se permiten dar respuestas totales, es, sobre todo, porque hay una demanda social de ello y porque eso se paga bien. Si yo digo que el marxismo está muerto, estoy seguro de tener la primera página de un semanario cultural. Si en cambio digo "ustedes saben, es más complicado que eso", o "la pregunta no tiene sentido...", evidentemente tendré todas las dificultades para hacer publicar tres líneas. Se dirá que es muy complicado, que eso no le interesa a nadie... Ahora bien, hay mucha gente que sí está interesada...

J.B.: *Se lo presenta a usted como marxista, "la figura emblemática del marxismo francés", recientemente en el suplemento de* Le Nouvel Observateur *consagrado a "el Pensamiento". Semejante afirmación hoy por hoy no es inocente. Es una manera de ponerlo a usted en la picota ¿Por qué? Al mismo tiempo la argumentación de sus detractores es sorprendente: se funda sobre la importancia que usted otorga al trabajo científico; el hecho de que critique el economicismo o los determinismos mecanicistas del marxismo es utilizado contra usted. "¡La prueba de que Bourdieu es marxista es que él critica el marxismo!"*

P.B.: Son frecuentemente los mismos que, en los años sesenta, en la época en que era necesario serlo, me reprochaban no ser marxista... Lo que me molesta es que eso pone una cortina de humo en torno de mí y que falsea, retarda o impide la percepción de mi trabajo.

J.B.: *En cambio he encontrado que la presentación de su trabajo que hace Pierre Ansart (Las sociologías contemporáneas,* Points, Seuil*) es muy escrupulosa.*

P.B.: Es un gran hombre honesto, hace un trabajo notable, que hace justicia a todo el mundo. Yo lamento solamente que puede hacer creer que los sociólogos contemporáneos se limitan a ciertos nombres, todos franceses. El mundo es grande, y es necesario reubicar la investigación francesa en ciencias sociales (ella tiene por lo demás bien claro su lugar). Por mi parte, mis interlocutores privilegiados en el terreno científico están lejos de ser todos y siempre franceses...

J.B.: *Yo no creo que sea necesario defenderse de ser o no ser marxista, sino restablecer la verdad de un pensamiento y combatir los objetivos políticos, que no son ciertamente neutros.*

P.B.: ¡Ah! No, ciertamente no. Pero sucede que me siento desanimado. Hace tres o cuatro años, cuando escribía una frase, me decía: "cuando yo pienso cómo ellos van a leer esto"... Y eso comenzó a quitarme las ganas de escribir.

J.B.: *En este momento, usted trabaja sobre los mecanismos de la dominación masculina y las relaciones masculino-femenino.*

P.B.: Sí, y usted habrá visto sin duda el trabajo que hemos hecho en *Actes de la recherche*[12] sobre la casa (*La economía de la casa*). Es un caso en el que se ve la contribución que la dominación simbólica aporta a la explotación propiamente económica. Representaciones difundidas por las revistas feministas y destacadas por la ansiedad legítima de los padres, especialmente en relación con la escuela y el éxito de los hijos (hay que tener una recámara para niños, una bonita casa, etc.), orientan elecciones económicas de pesadas consecuencias. El acceso masivo a la propiedad es uno de los fenómenos más importantes para comprender lo que

---

12 *Actes de la recherche en sciences*, n° 81-82, marzo de 1990.
Véanse también los n°ˢ 83 (junio de 1990) y 84 (septiembre de 1990) sobre "masculino/femenino".

pasa hoy en la sociedad y en la vida política, y en particular el cambio de mentalidad colectiva que se perfila confusamente al hablar del regreso al individuo o al liberalismo. No ignoro que es un texto difícil: las técnicas empleadas son muy complejas, el análisis en sí mismo es muy minucioso y escapa a las alternativas ordinarias (todo al Estado, nada al Estado). Es decir, un movimiento político consciente debe darse los medios de manejar teórica y prácticamente esos mecanismos sociales.

LOS INVESTIGADORES Y SU PÚBLICO

¿Cómo asegurar la comunicación entre los científicos y los políticos? Se trata de encontrar los espacios. A veces me digo que, al lado del equipo de investigadores, sería indispensable tener un equipo que trabajara con otra lógica para hacer conocer extensivamente los logros de la investigación, al precio de un trabajo especial, que no incumbe de modo necesario a aquellos que los han producido. No se trata de un rechazo altivo de la vulgarización. Es realmente otro trabajo: los que hacen la investigación no siempre tienen el tiempo de volver a escribir con la intención de llegar a un público más vasto y, por otro lado, no siempre poseen la competencia para hacerlo. Pienso que este trabajo sobre la casa que hemos hecho es extremadamente importante para comprender los cambios políticos, sindicales, la desindicalización, el repliegue sobre lo privado, etc. Le confieso que no estoy seguro de ser capaz de arreglármelas para hablar en la televisión. Hay así progresos de la investigación que están un poco perdidos o que no llegan sino deformados, mientras que muchos que podrían desempeñar el papel de intermediarios no solamente se niegan a hacerlo, sino que hacen frecuentemente todo lo que pueden para dificultar la comunicación.

J.B.: *¿Qué es lo que usted espera del sindicalismo desde el lugar en el que está?*

P.B.: Ésta es una pregunta sobre la que tendría que reflexionar largamente. Lo que puedo decir es que es necesario terminar con todas las formas de obrerismo y con esa especie de rechazo populista ante el planteamiento de los problemas propiamente intelectuales; esto es, hay que dar su lugar a los intelectuales, o al menos a los investigadores. Hay un trabajo intelectual que es necesario: es decir, un trabajo de observación, de análisis, de crítica, de invención teórica y práctica. Comprendo y comparto la desconfianza que inspiran frecuentemente los intelectuales. Pero es en nombre de la vigilancia crítica que ejerzo sobre todo lo que mi pensamiento y mi trabajo pueden deber, a pesar mío, a las luchas, a las fuerzas, incluso a los modos, que orientan el mundo intelectual, que yo puedo reivindicar un lugar central en las luchas liberadoras para los intelectuales críticos, es decir, críticos de ellos mismos, evidentemente.

J.B.: *Puedo sentir muy bien sus palabras porque yo mismo me siento, en lo personal, en una situación un poco vaga, en un "entre-dos": no soy verdaderamente intelectual reconocido entre los intelectuales, ni sindicalista propiamente, reconocido entre los sindicalistas. Sus escritos en este sentido me han tocado siempre, en lo personal, de modo muy marcado.*

P.B.: Eso que usted dice me da mucho gusto porque la principal intención de mi trabajo es la de provocar la reflexión y dar armas para pensar de manera reflexiva. Esto es lo que más ha faltado al movimiento sindical y, más generalmente, a los movimientos políticos progresistas. Nos servíamos de la ciencia para objetivar a los otros, pero nunca para ponernos en tela de juicio.

Yo agregaría que la historia muestra que las personas que están en vilo en el espacio social son frecuentemente los portadores de innovación y de libertad. Es la contrapartida —quizás— de los sufrimientos que están asociados a los *estatus* bastardos.

Platón dijo de Sócrates en alguna parte que él era *atopos*, alguien sin lugar, desplazado, en vilo, sin hogar ni lugar; yo quisiera agregar sin fe ni ley (él fue condenado por impiedad, no hay que olvidarlo). Yo me siento también, en muchas ocasiones, en vilo, sin demasiado aplomo, en una situación inestable. Esto no es agradable en lo absoluto. Me sucede con frecuencia admirar la tranquilidad de personas bien instaladas, bien asentadas en el mundo intelectual; esto es, llenos de aplomo y de seguridad. Pero no estoy seguro de que eso los disponga a la lucidez, al menos sobre su propio universo.

6. Sociología y democracia*

Estoy convencido, como todo investigador, de que mi ciencia, la sociología, puede contribuir a una acción política realmente democrática, a un gobierno de todos los ciudadanos (definición ideal de la democracia) que pueda asegurar el bienestar de todos. Quisiera comunicar y quizá compartir con ustedes esta convicción, aun si es un poco presumir de mi capacidad y sobre todo subestimar los obstáculos y las resistencias, inevitables, que la sociología conoce bien, a su propia recepción.

No se puede plantear la cuestión de la democracia, hoy en día, sin tomar en cuenta el hecho de que las ciencias sociales están presentes, frecuentemente bajo formas más o menos perversas, en la realidad social misma. No pasa un día sin que la economía y los economistas sean llamados para justificar las decisiones del gobierno. La contribución de la sociología es cada vez menos considerada, y es solamente frente a situaciones de crisis, frente a los problemas llamados "sociales" (como si todos los otros no lo fueran), tal como, hoy, el problema de la universidad o la cuestión llamada de las "periferias", cuando se echa mano del sociólogo, sobre todo en los medios de comunicación.

De esto se sigue que una política realmente democrática se encuentra ubicada frente a la forma moderna de una muy vieja alternativa, la del filósofo rey (o el déspota esclarecido) y el demagogo, es decir, la alternativa de la arrogancia tecnocrática que pretende ofrecer el bienestar a los hombres sin ellos o a pesar de

* École des Hautes Études Commerciales, 27 de noviembre de 1995.

ellos, y la dimisión demagógica que acepta tal cual la sanción de la demanda que se manifiesta a través de las encuestas de mercado, los escores de la audiencia o las tasas de popularidad (sin contar los casos en los que, como se ha visto aun recientemente, los gobernantes se alternan, por inconstancia o por cinismo, hacia las dos vertientes de la alternativa).

Pienso pues que, tanto en el gobierno del Estado como en la dirección de una empresa, una política realmente democrática, es decir, realmente (y no sólo de manera formal) racional, se debe esforzar por escapar a esa alternativa. No insistiré sobre las consecuencias del *error* tecnocrático que se comete sobre todo en nombre de la economía: tenemos, en estos días, los mejores ejemplos frente a nuestros ojos, y valdría la pena detallar los costos no sólo sociales, sobre todo en sufrimiento y en violencia, sino también económicos, de todas las restricciones que se nos imponen en nombre de una definición restringida, mutilada, de la economía. Diré solamente, de pasada, para hacer reflexionar, que hay una *ley de conservación de la violencia* y que, si se quiere disminuir verdaderamente la violencia más *visible* (crímenes, robos, violaciones, atentados), es necesario trabajar en la reducción global de la violencia que permanece invisible (en todo caso a partir de los lugares centrales o dominantes), aquella que se ejerce a la luz del día, desordenadamente, en las familias, las fábricas, los talleres, las comisarías, las prisiones, o en los hospitales mismos o las escuelas, y que es el producto de la "violencia inerte" de las estructuras económicas y sociales y de los mecanismos implacables que contribuyen a reproducirlas.

Pero quiero insistir en la segunda vertiente de la alternativa: el *error demagógico* es sin duda el más peligroso porque se presenta bajo las apariencias de la democracia. Los progresos de la "tecnología social" (que no hay que confundir con la "ciencia social" de la cual ella toma muy frecuentemente sus instrumentos) son tales que se conoce bien, demasiado bien, en un sentido, la demanda aparente, actual, puntual, y explícitamente declarada. Existe una ciencia de la apariencia o, como decían los griegos, de la *doxa*, palabra que significa a la vez apariencia y opinión, y existen los técnicos de la *doxa*, de la opinión, mercaderes de los sondeos de opinión y de las encuestas de mercado, herederos contemporáneos de aquellos que Platón llamaba, soberbiamente, los doxósofos, lo que significa a la vez sabios de la apariencia y sabios aparentes, sabios aparentes de las apariencias.

La ciencia social recuerda los límites de una técnica que, como el sondeo, no capta sino las opiniones agregadas, a la manera de un voto, y que, así, puede transformarse en un instrumento racional de gestión demagógica, subordinada a las fuerzas sociales inmediatas. Esa técnica revela que una política que ofrece satisfacción a la demanda aparente, para asegurar el éxito, no llega a su fin propio, que es el de definir los fines conforme al interés verdadero de las mayorías, y no es otra cosa que una forma apenas disimulada del *marketing*.

Para demostrar esto hay que recordar brevemente lo que sabemos de los procesos sociales de producción de opinión, individual o colectiva, lo que se llama comúnmente "la opinión pública". La ilusión "democrática" sobre la democracia (ilusión bien comprensible ya que está implicada en la lucha, incontestablemente democrática, por el sufragio universal) consiste, pues, en olvidar que hay condiciones de acceso a la opinión política constituida, expresada; "opinar —decía Platón—, *doxazein*, es hablar", es alcanzar el nivel del discurso, y, como todos sabemos, no todos somos iguales frente al lenguaje.

He realizado un análisis detallado de esta suerte de desecho de las encuestas de opinión que son las no respuestas, y he observado que la probabilidad de responder a una pregunta de opinión (sobre todo si se trata de un problema político constituido como tal por el microcosmos político) es muy desigual entre los hombres y entre las mujeres, entre los instruidos y los incultos, entre los ricos y los pobres, y que, en consecuencia, la igualdad formal de los ciudadanos esconde una desigualdad real.

En fin, la probabilidad de tener una opinión varía, así como la probabilidad de estar en condiciones de imponerla, en tanto opinión actuante. A esto se agrega que, la mayor parte del tiempo, los sondeadores ejercen un efecto de imposición de problemática: obtienen de este modo las respuestas (sí o no) a cuestiones no planteadas, quiero decir, a cuestiones que los encuestados no se habían planteado antes de ser interrogados y que no están en condiciones de plantearse; la respuesta es por eso un puro artefacto.

¿Qué conclusiones se pueden sacar de estas constataciones? ¿Un escepticismo profundo respecto de la democracia? La ciencia —volvamos una vez más a Platón— informa sobre los medios; no dice nada sobre los fines. Pero cuando hablamos de democracia, los fines están claramente expuestos: hay que trabajar para universalizar, es decir, para democratizar, las condiciones económicas y culturales de acceso a la opinión política. Esto confiere un lugar determinante a la educación, educación de base y educación permanente: esta educación no es solamente una condición de acceso a los puestos de trabajo o a las posiciones sociales, es la condición mayor de acceso al ejercicio verdadero de los derechos del ciudadano.

Las leyes de acero de los aparatos políticos que han sido descriptas por los sociólogos llamados neomaquiavelianos, a saber, la concentración de poder de representación en las manos de algunos, y que golpean particularmente a las organizaciones que representan a los más desprotegidos, no son, como lo creían sus inventores, leyes de la naturaleza: ellas reposan sobre las leyes de producción de las opiniones individuales de las que hablé hace un momento y, como todas las leyes sociales, pueden ser contrarrestadas por una acción armada de esa ley.

Pero el análisis sociológico se aplica también a las otras formas de constitución de la opinión, sobre todo colectiva. A la constitución de la opinión llamada pública, por agregación estadística de opiniones individuales o seriales (como el voto o el sondeo), se agregan también formas completamente distintas como la manifestación y todas las formas de los movimientos sociales. Estos movimientos colectivos obedecen a una lógica completamente diferente, la lógica de la movilización de agentes dotados de opiniones poco constituidas como tales, pero aprehensibles de otro modo (en retardo). Tendríamos todavía que examinar el cabildeo que practican los grupos de presión, organizaciones de agentes dotados de opiniones activas, y, en un sentido, premovilizadas.

He aquí una primera contribución, esencialmente crítica, que la sociología podría aportar a la democracia. Pero la sociología no se contenta con contribuir a la crítica de las ilusiones sociales, que es una de las condiciones de una elección democrática; puede también fundar un utopismo realista, tan alejado de un voluntarismo irresponsable como de la resignación cientificista al orden establecido.

La sociología se opone en efecto, radicalmente, a la práctica de los doxósofos, a la ciencia sin sabio de los sondeos de opinión que se contentan con proponer a los encuestados las preguntas que el microcosmos político se hace según sus propósitos. Ella se plantea como proyecto ir más allá de las apariencias y del discurso aparente sobre las apariencias, ya se trate de aquel que producen los agentes mismos o de aquellos, más especiosos todavía, que los doxósofos, sondeadores de opinión, comentadores políticos y políticos producen para sus propios fines en un juego de espejos en que se reflejan ellos mismos indefinidamente.

Con frecuencia se ha comparado la política con la medicina. Basta releer la "Colección hipocrática" para descubrir que, semejante a un médico, el político consecuente no se puede conformar con las informaciones ofrecidas por el registro de declaraciones que, en más de un caso, están literalmente producidas por una interrogación inconsciente de sus efectos: "El registro ciego de los síntomas y de las confidencias de los enfermos está a la mano de todo el mundo: si esto bastara para intervenir eficazmente, no habría necesidad de los médicos". El médico debe orientarse al descubrimiento de las enfermedades no evidentes (*àdèlà*), es decir, aquellas, precisamente, que los practicantes no pueden "ni ver con sus ojos ni escuchar con sus orejas": en efecto, las quejas de los pacientes son vagas e inciertas; las señales emitidas por el cuerpo mismo son oscuras y no muestran su sentido sino lentamente, y muy a menudo después de aparecidas. Es pues en el razonamiento (*logismos*) donde hay que buscar la revelación de las causas estructurales que las palabras y las señales aparentes no develan sino encubriéndolas.

Por eso, anticipando las lecciones de la epistemología moderna, la medicina griega afirmó de entrada la necesidad de construir el objeto de la ciencia a través de una ruptura con lo que Durkheim llamaba las "prenociones", es decir, las representaciones que los agentes sociales se hacen de su estado. Y así como la medicina naciente debía contar con la concurrencia desleal de los adivinos, los magos, los hechiceros, los charlatanes o los "fabricantes de hipótesis", así la ciencia social está hoy confrontada con todos aquellos que se hacen fuertes interpretando los signos más visibles del malestar social, con todos esos "semihábiles" que, armados de su "buen sentido" y de su pretensión, se precipitan en los periódicos y ante las cámaras para decir lo que hay de un mundo social que no tienen ningún medio eficaz para conocer o comprender.

La verdadera medicina, siempre según la tradición hipocrática, comienza con el conocimiento de las enfermedades invisibles, es decir, los hechos de los que el enfermo no habla, de los que él no tiene conciencia o que se olvida de sacar a la luz. Vale lo mismo para una ciencia social preocupada por conocer y comprender las verdaderas causas del malestar que se expresan a la luz del día a través de signos sociales difíciles de interpretar porque son en apariencia demasiado evidentes. Pienso por ejemplo en el desencadenamiento de la violencia gratuita en los estadios o, más aún, en los crímenes racistas o en los éxitos electorales de los profetas de la desgracia, empeñados en explotar y amplificar las expresiones más primitivas del sufrimiento moral que son engendradas, tanto y más que por la miseria y la "violencia inerte" de las estructuras económicas y sociales, por todas las pequeñas miserias y las violencias suaves de la existencia cotidiana.

Para ir más allá de las manifestaciones aparentes, hay que remontarse evidentemente hasta los verdaderos determinantes económicos y sociales de innumerables atentados a la libertad de las personas, a su legítima aspiración al bienestar y a la realización de sí mismas, que ejercen hoy, no solamente las restricciones implacables del mercado de trabajo o de vivienda, sino también los veredictos del mercado escolar, o las sanciones abiertas o las agresiones insidiosas de la vida profesional. Llevar a la conciencia mecanismos que hacen dolorosa, incluso invivible, la vida no es neutralizarlos; poner al día las contradicciones no es resolverlas. Pero, por muy escéptico que se sea sobre la eficacia social del mensaje sociológico, no se puede negar el efecto que sería capaz de ejercer al permitir, al menos, a aquellos que sufren descubrir la posibilidad de imputar su sufrimiento a causas sociales y de sentirse así disculpados.

Esta constatación, a pesar de las apariencias, no tiene nada de desesperante: lo que el mundo social ha hecho el mundo social puede, armado de ese saber, deshacerlo. Lo que es seguro, en todo caso, es que nada es más inocente que dejar hacer: si es cierto que la mayoría de los mecanismos económicos y sociales que están en la base de los sufrimientos más crueles, especialmente los que regulan el mercado de trabajo y el mercado escolar, no son fáciles de frenar o de modificar, es cierto también que toda política que no saque provecho plenamente de las posibilidades, por muy reducidas que éstas sean, que se ofrecen a la acción, y que la ciencia puede ayudar a descubrir, puede ser considerada como culpable de no ayudar a una persona en peligro.

Está claro que la sociología incomoda; e incomoda porque revela, en lo que no se distingue para nada de las otras ciencias: "no hay más ciencia que la de lo oculto", decía Bachelard. Pero lo oculto —y es ahí donde el zapato aprieta— es de un tipo completamente particular: se trata, con frecuencia, de un *secreto* —que, como ciertos secretos de familia, no quieren ser revelados— o, mejor aún, de algo *reprimido*, en especial en lo que concierne a los mecanismos o a las prácticas que contradicen demasiado abiertamente el credo democrático (pienso por ejemplo en los mecanismos sociales de la selección escolar que he desmontado). Es lo que hace que, aun si se contenta con enunciar lo que es (no sin cierto placer malicioso), el sociólogo que hace su trabajo de desvelamiento, en lugar de conformarse con registrar y ratificar las apariencias, puede parecer que denuncia.

A los que denuncian a la sociología con el pretexto de que ella denuncia responden los que desesperan de la sociología con el pretexto de que ella desespera... Ahora bien, la sociología no se comprueba mediante una comprobación que se juzga tanto más fácilmente determinista, pesimista, incluso desmoralizadora, cuanto más profunda y rigurosa es. Ella puede proveer los medios realistas de contrarrestar las tendencias inmanentes del orden social. Las leyes de acero, lo dije antes, no son leyes eternas de la naturaleza sino leyes históricas, cuya eficacia puede ser suspendida o minimizada por una acción tendiente a modificar las condiciones históricas de su eficacia. Los que claman contra el determinismo deberían recordar que ha sido necesario apoyarse en el conocimiento de la ley de la gravedad para construir máquinas voladoras que permiten desafiar eficazmente esa ley.

7. El nuevo capital. Introducción a una lectura japonesa de *La nobleza de Estado**

Quisiera hoy evocar los mecanismos extremadamente complejos a través de los cuales la institución escolar *contribuye* (insisto en esta palabra) a reproducir la distribución del capital cultural y, con ello, a la reproducción de la estructura del espacio social.

A las dos dimensiones fundamentales de este espacio, del que hablaba ayer, corresponden dos conjuntos de mecanismos de reproducción diferentes. La combinación de ambos mecanismos define el *modo de reproducción*, y hace que el capital vaya al capital y que la estructura social tienda a perpetuarse (no sin sufrir deformaciones más o menos importantes). La reproducción de la estructura de la distribución del capital cultural se opera en la relación entre las estrategias de las familias y la lógica específica de la institución escolar. Ésta tiende a proporcionar el capital escolar, que otorga bajo la forma de títulos (*credenciales*), al capital cultural que posee la familia y es transmitido por una educación difusa o explícita en el curso de la primera educación.

Las familias son cuerpos articulados animados por una suerte de *conatus*, en el sentido de Spinoza. Es decir, por una tendencia a perpetuar su ser social con todos sus poderes y sus privilegios. Esta tendencia está en el principio de las *estrategias de reproducción*, estrategias matrimoniales, estrategias de sucesión, estrategias económicas y, en fin y sobre todo, estrategias educativas.

* Conferencia pronunciada en la Universidad de Todai, Japón, el 5 de octubre de 1989.

Las familias invierten en la educación escolar (en tiempo de transmisión, en ayuda de todo tipo y, en ciertos casos, en dinero, como hoy en Japón con el *juku* y los *yobi-ko*), tanto más cuanto más importante es su capital cultural y cuanto mayor es el peso relativo de éste en relación con su capital económico, y también en la medida en que las otras estrategias de reproducción (en especial estrategias de sucesión en vista de la transmisión directa del capital económico) son menos eficaces o menos rentables relativamente (como es el caso hoy en Japón a partir de la última guerra mundial y, en un menor grado, en Francia).

Este modelo, que puede parecer muy abstracto, permite comprender el interés creciente que tienen en la educación las familias, y sobre todo las familias privilegiadas y, entre ellas, las de intelectuales, docentes o miembros de profesiones liberales, en todos los países avanzados, y sin duda en Japón más que en otros países; permite comprender también que las más altas instituciones escolares, las que conducen a las más altas posiciones sociales, están cada vez más completamente monopolizadas por los hijos de las categorías privilegiadas, y ello tanto en Japón o en Estados Unidos como en Francia. Más aún, este modelo constituye así uno de los instrumentos más poderosos para entender no sólo cómo las sociedades avanzadas se perpetúan, sino también cómo cambian bajo el efecto de las contradicciones específicas del modo de reproducción escolar.

Para dar una visión global del funcionamiento del mecanismo de reproducción escolar se puede, en un primer momento, recordar la imagen que usó el físico Maxwell para hacer comprender cómo podría ser suspendida la eficacia de la segunda ley de la termodinámica: Maxwell imagina un *demon* que entre las partículas en movimiento más o menos calientes, es decir, más o menos rápidas, que llegan ante él, hace una selección enviando las más rápidas a un recipiente en el que la temperatura se eleva, y las más lentas a otro recipiente, en el que la temperatura baja. Haciendo esto, él mantiene la diferencia, el orden que, de otro modo, tendería a destruirse.

El sistema escolar actúa a la manera del *demon* de Maxwell: al precio del gasto de energía que es necesario para realizar la operación de selección mantiene el orden preexistente, es decir, la separación entre los alumnos dotados de cantidades desiguales —o de tipos diferentes— de capital cultural. Más precisamente, mediante toda una serie de operaciones de selección, separa a los que poseen capital cultural heredado de los que están desprovistos de él. Como las diferencias de aptitud son inseparables de las diferencias sociales según el capital heredado, el sistema escolar tiende a mantener las diferencias sociales preexistentes.

Pero, además, el sistema escolar produce dos efectos de los que no se puede dar cuenta más que abandonando el lenguaje (peligroso) del mecanismo. Al instaurar una cisura entre los alumnos de las grandes escuelas y los alumnos de las facultades, la institución escolar demarca *fronteras sociales* análogas a aquellas que separaron a la gran nobleza de la pequeña nobleza, y a ésta de los simples plebeyos.

Esta separación se pone de manifiesto, primero, en las propias condiciones de vida, con la oposición entre el internado y la vida libre del estudiante; luego, en el contenido y sobre todo en la organización del trabajo de preparación para los concursos (de admisión) con, por un lado, un encuadramiento muy estricto y formas de aprendizaje muy escolares, y sobre todo una atmósfera de urgencia y de competencia que inspira la docilidad y que presenta una analogía evidente con el mundo de la empresa, y, por el otro, la "vida de estudiante" que, muy cerca de la tradición de la vida bohemia, implica mucho menos disciplina y restricciones, incluso en el tiempo consagrado al trabajo.

Pero esto no es todo. La separación que efectúa la institución escolar, tanto por la prueba que constituye la preparación del concurso y el concurso en sí mismo, como por la cisura ritual, verdadera frontera mágica, que instituye el concurso, separando al último recibido del primer suspendido por una diferencia de naturaleza, marcada por el derecho de llevar un *nombre,* un *título,* es una verdadera operación mágica, en la que el paradigma es la separación entre lo sagrado y lo profano, tal como lo analiza Durkheim. El acto de clasificación escolar es siempre, pero particularmente en este caso, un acto de *ordenación* en el doble sentido que esta palabra implica en francés. Este acto instituye una diferencia social de rango, de clasificación, una relación de orden definitiva: los elegidos son marcados, de por vida, por su pertenencia (antiguo alumno de...); ellos son miembros de una *orden*, en el sentido medieval del término. Y de una orden nobiliaria, conjunto claramente delimitado (en el que se está o no se está) de personas que están separadas del común de los mortales por una diferencia de esencia y están legitimadas, por este hecho, para dominar. En esto la separación operada por la escuela es también una ordenación en el sentido de *consagración*, de entronización en una categoría sagrada, una nobleza.

La familiaridad nos impide ver lo que esconden los actos en apariencia puramente técnicos que lleva a cabo la institución escolar. Por eso, el análisis weberiano del diploma como *Bildungspatent* y del examen como proceso de selección racional, sin ser falso, es *parcial;* su análisis deja en efecto escapar el aspecto mágico de las operaciones escolares que cumplen también las funciones de racionalización, pero en un sentido totalmente distinto, más cercano a Freud o a Marx; los exámenes o los concursos *justifican en razón* de divisiones que no tienen necesariamente la razón por principio, y los títulos con los que se sanciona el resultado se presentan como garantía de la competencia técnica de los *certificados* de competencia social, de los títulos de nobleza. En todas las sociedades avanzadas, en Francia, en Estados Unidos o en Japón, el éxito social depende muy estrechamente de un acto de *nominación* inicial (la imposición de un nombre, de ordinario el de una institución educativa: Universidad de Todai o de Harvard, Escuela Politécnica) que consagra escolarmente una diferencia social preexistente. La entrega de diplomas, que da lugar a ceremonias solemnes, es efectivamente comparable al acto de armar caballero a alguien. La función técnica evidente, demasiado evidente, de formación, de transmisión de una competencia técnica y de selección de los más competentes técnicamente, enmascara una función social, a saber, la consagración de los detentadores estatutarios de la competencia social, del derecho a dirigir, los *nisei* (segunda generación), como se dice aquí; tenemos pues, tanto en Japón como en Francia, una nobleza escolar hereditaria de dirigentes de la industria, de grandes médicos, de altos funcionarios, y asimismo, de dirigentes políticos. Y esta nobleza de escuela comprende una parte importante de herederos de la antigua nobleza de sangre que han *reconvertido* sus títulos nobiliarios en títulos escolares.

Por eso, la institución de la que una vez creímos que podría introducir una forma de meritocracia al privilegiar las aptitudes individuales en relación con los privilegios hereditarios tiende a instaurar, a través de la ligazón encubierta entre la aptitud escolar y la herencia cultural, una verdadera nobleza de Estado. Nobleza en la que la autoridad y la legitimidad están garantizadas por el título escolar.

Basta volver un poco a la historia para ver que el reino de esta nobleza específica, que se ha iniciado ligada al Estado, es el resultado de un largo proceso: la nobleza de Estado en Francia y, sin duda, en Japón, es un cuerpo que ha sido creado al crear el Estado; que ha debido crear el Estado para crearse como detentador del monopolio legítimo del poder de éste. La nobleza de Estado es la heredera de eso que en Francia se llama la nobleza de toga, que se distingue de la nobleza de espada, a la cual está unida cada vez más frecuentemente por matrimonios a medida que avanzamos en el tiempo, en que debe su estatus al capital cultural, de tipo jurídico esencialmente.

No puedo exponer aquí el conjunto del análisis histórico que esbocé en el último capítulo de mi libro, apoyándome en los trabajos de historiadores de la educación, historiadores del Estado e historiadores de las ideas. Este análisis podría servir de base para una comparación metódica con el proceso, ciertamente similar, según creo, a pesar de las diferencias aparentes, que condujo al cuerpo de los samurai, del que una fracción había ya sido transformada en burocracia letrada en el curso del siglo XVII, a promover en la segunda mitad del siglo XIX un Estado moderno fundado en un cuerpo de burócratas que asocia un origen noble y una fuerte cultura escolar con la preocupación de afirmar su independencia en y por el culto del Estado nacional muy directamente enraizado en el aristocratismo y en un fuerte sentimiento de superioridad respecto de los industriales y comerciantes, para no hablar de los políticos.

Así, volviendo al caso de Francia, observamos que la invención del Estado y, en particular, las ideas de "público", de "bien común" y de "servicio público" que están en su centro, son inseparables de la invención de las instituciones que fundan el poder de la nobleza de Estado y su reproducción: así, por ejemplo, las fases de desarrollo de la institución escolar, y en particular la aparición en el siglo XVIII de instituciones de un nuevo tipo, los colegios, que mezclan ciertas fracciones de la aristocracia y de la burguesía de toga en los internados —que anuncian el sistema actual de las grandes escuelas—, coinciden con las fases de desarrollo de la burocracia de Estado (y secundariamente, al menos en el siglo XVI, de la Iglesia). La autonomización del campo burocrático y la multiplicación de las posiciones independientes de los poderes temporales y espirituales establecidos se acompañan del desarrollo de una burguesía y de una nobleza de toga cuyos intereses, en materia de reproducción especialmente, están ligados de una manera estrecha a la escuela. Tanto en su modo de vida, que da un gran lugar a las prácticas culturales, como en su sistema de valores, esta suerte de *Bildungsburgertum,* como dicen los alemanes, se define por oposición, por una parte, al clero y, por otra, a la nobleza de espada, de la que critica su ideología del nacimiento, en nombre del mérito y de lo que se llamará más tarde la competencia. En fin, es en la toga donde se inventa, colectivamente —aunque la historia de las ideas aísle los nombres propios—, la ideología moderna del servicio público, del bien común y de la cosa pública, en síntesis, lo que se ha llamado "el humanismo cívico de los funcionarios" que, a través especialmente de los abogados girondinos, inspirará la Revolución Francesa. Así vemos cómo la nueva clase, cuyo poder y autoridad reposan sobre el nuevo capital, el capital cultural, debe, para imponerse en las luchas que la oponen a otras fracciones dominantes, nobles de espada y también burgueses de la industria y de los negocios, llevar sus intereses particulares a un grado de universalización superior, e inventar una versión que podemos llamar "progresista" (respecto de las variantes aristocráticas que inventarán un poco más tarde los funcionarios alemanes y los funcionarios japoneses) de la ideología del servicio público y de la meritocracia. Al pretender el poder en nombre de lo universal, nobles y burgueses de toga hacen avanzar la objetivación y, con ello, la eficiencia histórica de lo universal, y no pueden servirse del Estado que ellos pretenden servir sin servir, ni siquiera un poco, los valores universales con los que lo identifican.

Podría detenerme aquí, pero quiero volver rápidamente a la imagen del *demon* de Maxwell que he empleado por necesidades de la comunicación pero que, como todas las metáforas tomadas de la física y, más específicamente, de la termodinámica, está grávida de una filosofía de la acción ciertamente falsa y de una visión conservadora del mundo social (como muestra el uso consciente o inconsciente que hacen todos los que, como Heidegger, por ejemplo, denuncian la "nivelación" y la anulación progresiva de las diferencias "auténticas" en la banalidad plana y burda de los valores "promedios"). De hecho, los agentes sociales, alumnos que escogen una vocación o una disciplina, familias que escogen un establecimiento para sus hijos, etc., no son partículas sumisas a fuerzas mecánicas que actúan bajo la presión de causas; no son tampoco sujetos conscientes y conocedores actuando con pleno conocimiento de causa, como creen los defensores de la *teoría de la acción racional* (*Rational Action Theory*). (Podría mostrar, si tuviera tiempo, que estas filosofías, en apariencia totalmente opuestas, se confunden de hecho, ya que si el conocimiento de los pormenores, de las causas y de los fines es perfecto y si la elección es completamente lógica, no vemos en qué ésta difiere de la sumisión pura y simple a las fuerzas del mundo, y por qué, en consecuencia, se asume como una elección.) De hecho, los agentes son agentes conscientes dotados de un sentido práctico (de aquí el título que he dado a la obra en que desarrollo estos análisis), sistema adquirido a partir de preferencias, de principios de visión y de división (lo que llamamos comúnmente un gusto): y también sistemas de estructuras cognoscitivas duraderas (que son en lo esencial el producto de la incorporación de estructuras objetivas) y de esquemas de acción que orientan a percibir la situación y la respuesta adecuada. El *habitus* es esa especie de "*intention in action*", como dice John Searle, un filósofo norteamericano contemporáneo, con un sentido práctico de lo que hay que hacer en una situación dada, lo que se llama, en deportes, "el sentido de la jugada", es decir, ese arte de *anticipar* el futuro del juego, de adivinar lo que está inscripto en líneas punteadas en el estado presente del juego.

Si tomamos un ejemplo en el dominio de la educación, el sentido del juego se vuelve cada vez más necesario a medida que, como es el caso de Francia, y también de Japón, los hilos se diversifican y se mezclan (¿cómo escoger entre un establecimiento de renombre que declina y una escuela refugio en ascenso?). Los movimientos de la bolsa de valores escolares son difíciles de anticipar, y aquellos que se pueden beneficiar, a través de su familia, padres, hermanos o hermanas, etc., o de sus relaciones, de una información sobre los circuitos de formación y su rendimiento diferencial, actual y potencial, pueden ubicar mejor sus inversiones escolares y lograr el mejor beneficio de su capital cultural. Es ésta una de las mediaciones a través de las cuales el éxito escolar —y social— se enlaza de nuevo al origen social.

Dicho de otro modo, las "partículas" que avanzan hacia el *demon* llevan en ellas mismas, es decir, en su *habitus*, la ley de su dirección y de su movimiento, y el principio de la "vocación" que los orienta hacia tal escuela, hacia tal facultad o tal disciplina. Ya he analizado ampliamente cómo el peso relativo en el capital de los adolescentes (o de sus familias) del capital económico y del capital cultural (que yo llamo la estructura del capital) se encuentra retraducido en un sistema de preferencias que los lleva a privilegiar ya sea el arte en detrimento del dinero, las cosas de la cultura en detrimento de los asuntos de poder, etc., o, a la inversa, cómo esta estructura de capital, a través del sistema de preferencias que produce, los estimula a orientarse en sus elecciones escolares, y por lo tanto sociales, hacia uno u otro polo del campo del poder, el polo intelectual o el polo de los negocios, y a adoptar las prácticas y las opiniones correspondientes (así se comprende lo que no se produce sino porque se está habituado a ello, a saber, que los alumnos de la Escuela Normal, futuros profesores o intelectuales, se dicen sobre todo de izquierda, leen revistas intelectuales, frecuentan mucho el teatro y el cine, practican poco el deporte, etc., mientras que los alumnos de Altos Estudios Comerciales se dicen sobre todo de derecha, se inclinan mucho a los deportes, etcétera).

Y del mismo modo, en lugar del *demon* hay, entre otras cosas, millares de profesores que aplican a sus alumnos categorías de percepción y de apreciación estructuradas según los mismos principios (no puedo aquí desarrollar el análisis que he hecho de las categorías del entendimiento profesoral, y las parejas de adjetivos tales como brillante/apagado que los maestros aplican, para juzgarlos, a los trabajos de sus alumnos y a todas sus maneras de ser y de hacer). Dicho de otro modo, la acción del sistema escolar es la resultante de las acciones más o menos groseramente orquestadas de millares de pequeños *demons* de Maxwell, quienes, por sus elecciones ordenadas según el orden objetivo (las estructuras estructurantes son, como decía antes, estructuras estructuradas), tienden a reproducir este orden sin saberlo ni quererlo.

Pero la metáfora del *demon* es peligrosa también porque favorece el fantasma del complot, que impregna frecuentemente el pensamiento crítico, la idea de una voluntad malévola que sería responsable de todo lo que ocurre, para bien y sobre todo para mal, en el mundo social. Si eso que uno está en el derecho de describir como un *mecanismo* para las necesidades de la comunicación es vivido, a veces, como una especie de *máquina infernal* (se habla mucho del "infierno del éxito"), como un engranaje trágico, exterior y superior a los agentes, es porque cada uno de los agentes está en cierto modo constreñido a participar, para existir, en un juego que le impone enormes esfuerzos e inmensos sacrificios. Y yo pienso que, de hecho, el orden social que garantiza el modo de reproducción en el componente escolar hace sufrir hoy, incluso a aquellos que son los más beneficiados, un grado de tensión ciertamente comparable al que la sociedad cortesana, tal como la describe Elias, impone también a quienes tienen el extraordinario privilegio de formar parte de ella:

> En última instancia, no cabe ninguna duda de que este deber luchar por las continuamente amenazadas oportunidades de poder, estatus y prestigio era el factor dominante en virtud del cual, en esta estructura de poder dividida jerárquicamente, todos los participantes se condenaban recíprocamente al ejercicio de un ceremonial que se había hecho una carga. Ninguna de las personas que constituían la configuración tenía la posibilidad de poner en marcha una reforma de la tradición. Todo intento de reforma, aun el más pequeño, de un cambio del precario sistema de tensiones traía consigo ineludiblemente una sacudida y una disminución o incluso una derogación de ciertos privilegios y prerrogativas de personas y familias concretas. Tocar tales oportunidades de poder, más aún derogarlas, era una especie de tabú para la capa dominante de esta sociedad. El intento hubiera tenido en contra amplias capas de los privilegiados que, quizá no sin razón, temían que todo el sistema de poder que les otorgaba privilegios se viera amenazado o que se derrumbara si se tocaba el

más mínimo detalle del orden tradicional. Y así todo siguió como antes.[1]

Tanto en Japón como en Francia, los padres abrumados, los jóvenes aburridos y los empleadores decepcionados por los productos de una enseñanza que encuentran inadaptada son las víctimas impotentes de un mecanismo que no es otra cosa que el efecto acumulado de sus estrategias acarreadas por la lógica de la competencia o de la lucha de todos contra todos.

Para terminar también con la presentación mutilada y caricaturesca que ciertos analistas mal inspirados o malintencionados han hecho de mis trabajos, sería necesario tener tiempo de mostrar aquí cómo la lógica del modo de reproducción del componente escolar —y especialmente su carácter *estadístico*— y las contradicciones que lo caracterizan están en el origen de numerosos cambios en las sociedades avanzadas. Estas contradicciones constituyen sin duda el origen oculto de ciertos conflictos políticos característicos del período reciente, como el movimiento de Mayo del 68, que, al producir las mismas causas semejantes efectos, ha sacudido más o menos simultáneamente, y sin que se puedan en absoluto suponer influencias directas, a la universidad francesa y a la universidad japonesa. Yo he analizado largamente, en otra de mis obras que titulé, un poco para reírme, *Homo academicus,* los factores que han determinado la crisis del mundo escolar del que el movimiento de mayo fue la expresión visible: sobreproducción de diplomados y devaluación de diplomas (dos fenómenos que, si creo lo que he leído, afectan también al Japón), y devaluación de las posiciones universitarias, subalternas sobre todo, que se han multiplicado sin que se abran las carreras en igual proporción, a causa de la estructura, ciertamente arcaica, de la jerarquía universitaria (en esto me gustaría

---

1 Norbert Elias, *La société de cour,* París, Flammarion, 1985, 330 pp. [trad. esp.: *La sociedad cortesana,* México, FCE, 1982, p. 118, trad. Guillermo Hirata.]

hacer una encuesta comparativa sobre el funcionamiento del *koza* y sobre la forma que toman, en el caso de Japón, las relaciones de tiempo y de poder universitario tal como las he analizado en Francia). Pienso que es en los cambios en el campo escolar y sobre todo en las relaciones entre el campo escolar y el campo económico, y en la transformación de la correspondencia entre los títulos escolares y los puestos de trabajo, donde se encontrará el verdadero origen de los nuevos movimientos sociales que han aparecido en Francia, como prolongación del 68, y de otros, todavía más recientes, como el fenómeno muy nuevo de las "coordinaciones" que, si puedo creer en los autores que leo, comienza a manifestarse también en Alemania y en Japón, entre los jóvenes trabajadores notablemente, menos apegados que sus mayores a la ética tradicional del trabajo. (Asimismo, los cambios políticos en la URSS, que se anuncian ya en China, no están desvinculados del crecimiento considerable de la fracción de la población de estos países que ha pasado por la enseñanza superior ni de las contradicciones que de allí se derivan, y en primer lugar, en el seno mismo del campo de poder.)

Pero sería necesario también examinar el lazo entre la nueva delincuencia escolar, más desarrollada en Japón que en Francia, y la lógica de la competencia frenética que domina la institución escolar, y sobre todo el efecto de veredicto, o de destino, que el sistema escolar ejerce sobre los adolescentes: con una brutalidad psicológica sin atenuantes, la institución escolar impone sus juicios totales y sus decisiones sin nombre, que clasifican a todos los alumnos en una jerarquía única de las formas de excelencia, dominadas hoy por una disciplina, las matemáticas, y por una institución, la Escuela Nacional de Administración o la Escuela Politécnica. Los excluidos se encuentran condenados en nombre de un criterio colectivamente reconocido y aprobado, por consiguiente, psicológicamente indiscutible e indiscutido, el de la inteligencia: de tal modo que no tienen otro recurso para restaurar su identidad amenazada que rupturas brutales con el orden escolar y el orden social (se ha observado que, en Francia, es en las revueltas contra la escuela en donde se forman y se consolidan numerosas bandas de delincuentes) o, también, el caso de crisis psíquicas, ya sea como enfermedades mentales o incluso el suicidio.

Y sería necesario, en fin, analizar todos los obstáculos que, desde el punto de vista del sistema, es decir, desde el punto de vista del estricto rendimiento técnico (en la institución escolar o fuera de ella), resultan de la primacía conferida a las estrategias de reproducción social: citaré, como ejemplo, el estatuto inferior que las familias otorgan, objetivamente, a la educación técnica y el privilegio que dan a la enseñanza general. Es probable que en Japón, como en Francia, los grandes dirigentes, provenientes ellos mismos de las grandes universidades públicas en Japón o de las grandes escuelas en Francia, prediquen la revalorización de una educación técnica reducida al estado de refugio o de vertedero (víctima, sobre todo en Japón, de la competencia de la enseñanza de empresa), al tiempo que considerarían como una catástrofe la relegación de sus hijos a ella. Idéntica contradicción se encuentra en la ambivalencia de los dirigentes mismos respecto de un sistema de enseñanza al que ellos deben, si no su posición, al menos la autoridad y la legitimidad con la que la ocupan: como si quisieran tener los beneficios técnicos de la acción escolar sin asumir los costos sociales —tales como las exigencias asociadas a la posesión de títulos que podríamos llamar universales, en oposición a aquellos títulos de *maison* otorgados por las empresas—, ellos favorecen la enseñanza privada y sostienen o promueven todas las iniciativas políticas tendientes a reducir la autonomía de la institución escolar y la libertad del cuerpo de docentes; manifiestan la mayor ambigüedad en el debate sobre la especialización de la enseñanza, como si quisieran tener los beneficios de todas las elecciones, los límites y las garantías asociadas a una educación altamente especializada, y la apertura y la disponibilidad, favorecidas por una enseñanza de cultura general, apropiadas para desarrollar las capacidades de adaptación convenientes a empleados móviles y "flexibles", o todavía más, las garantías y las seguridades que procuran los "señoritos" egresados de la ENA[2] o de Todai,[3] gestores equilibrados de las situaciones de equilibrio, y los audaces "cachorros de lobo" situados en los márgenes, que se suponen mejor adaptados en los tiempos de crisis.

Pero, si se le permite, por una vez, a un sociólogo hacer previsiones, es sin duda en la relación cada vez más tensa entre la pequeña y la gran nobleza de Estado donde reside el principio de los conflictos centrales del futuro: en efecto, todo permite suponer que, frente a los egresados de las grandes escuelas de Francia, de las universidades públicas más importantes de Japón, que tienden cada vez más a monopolizar fuertemente todas las posiciones relevantes de poder —en la banca, en la industria, en la política—, los poseedores de títulos escolares de segundo orden, pequeños samurai de la cultura, estarán obligados, sin duda, a invocar, en sus luchas por la ampliación del grupo de poder, nuevas justificaciones universalistas, como lo hicieron en el siglo XVI en Francia, y hasta los comienzos de la Revolución Francesa, los pequeños nobles provincianos, o en el siglo XIX los pequeños samurai excluidos que dirigieron la revuelta, en nombre de la "libertad y los derechos cívicos", contra la reforma Meiji.

---

2 Escuela Nacional de Administración, una de las más prestigiadas entre las grandes escuelas de Francia.
3 Todai, una de las grandes universidades públicas de Japón.

8. Prefacio a la reedición de *La reproducción**

La posición de representante emblemático de un nuevo paradigma teórico que los críticos, y en particular los más críticos y los más simplistas entre ellos,[1] han atribuido a *La reproducción*, dejándose guiar por el efecto de marbete o etiqueta ejercido por el título, ha tenido como contrapartida una extraordinaria simplificación de los análisis que allí se encuentran expuestos, en un lenguaje que, hay que reconocerlo, alcanza a veces grados sumos de complejidad y de dificultad. El análisis de los mecanismos extremadamente complejos a través de los cuales la institución escolar *contribuye* a reproducir la distribución del capital cultural y, con ello, la estructura del espacio social se ha encontrado reducido a la tesis simple según la cual el sistema escolar reproduciría la estructura social sin deformación ni transformación. Después de haberle hecho sufrir una tal mutilación, se puede reprochar a la teoría el que sea incapaz de dar cuenta de los cambios o de ignorar las resistencias de los dominados...

Para explicar estas malas lecturas, podría contentarme con invocar los intereses o las pasiones que pueden designarse como políticas: los análisis inspirados por la preocupación de com-

---

* Texto preparado para la última reedición de esta obra, 1989.
1 Pienso por ejemplo en la obra de Stanley Aronowitz y Henry A. Giroux, *Education under siege. The conservative, liberal and radical debate over schooling*, Londres, Routlege and Kegan Paul, 1985 (el subtítulo es, en sí mismo, una petición de principio metodológico: anula de golpe la pretensión de los trabajos científicos a la taxonomía puramente política, y además, puramente anglosajona).

prender y dar razón, al precio de un esfuerzo constante para sobreponerse a las pasiones, a menudo contradictorias, que la institución escolar inspira necesariamente a aquellos que son su producto y que viven de ella, son leídos, en la lógica del prejuicio favorable o desfavorable, como las tesis políticas inspiradas por una toma de posición de denuncia o de legitimación. Esta lectura "política" fue a menudo una lectura "teórica" o "teoricista", animada por la moda filosófica del momento: cuando la traducción inglesa aparece (casi diez años después del original francés), el universo intelectual anglosajón está bajo el impacto de la gran teoría de los filósofos althusserianos que amplifican, "generalizándolas" con la idea de los aparatos ideológicos de Estado, "tesis" simplificadas que ellos leen en *Los herederos* y *La reproducción*. Todo esto no ha sido hecho para llamar la atención de los lectores hacia las investigaciones empíricas y las descripciones concretas en las que se enraizaban y se matizaban las proposiciones llamadas teóricas.

Los estudios reunidos, en 1965, bajo el título de *Relación pedagógica* y *Comunicación*, inéditos hoy todavía en lengua inglesa, son análisis que presentan una visión de las *interacciones en el salón de clases*, y de las negociaciones en torno de la producción y la recepción del lenguaje, que está mucho más próxima al constructivismo etnometodológico (y en particular a una obra como *Language use and school performance*, de Aaron Cicourel, publicada cerca de diez años más tarde, en 1974), que al "estructuralismo", al cual se acostumbra vincular *La reproducción*.[2]

---

2 Para apreciar justamente el lugar de *La reproducción* entre los trabajos de sociología de la educación que se multiplicaron en Estados Unidos, durante los años setenta, en la dirección que había abierto (por ejemplo R. Collins) "Functional and conflict of educational stratification", *American Sociological Review*, 36, 1971, 1002-1019 y sobre todo *The credential society*, Nueva York, Academic Press, 1979, o S. Bowles y H. Gintis, *Schooling in capitalist America*, Nueva York, Basic Books, 1976, hay que tomar en cuenta no la fecha de la edición inglesa, como se hace de ordinario, sino la fecha de publicación en francés, 1970 (y 1964 para *Los herederos*) de esta obra.

Pero no hay que detenerse en los malentendidos que fueron inscriptos en el reto que *La reproducción* lanzó, al menos como intención, contra las grandes oposiciones que estructuran el entendimiento del sociólogo académico, como teoría/empiria, objetivismo/subjetivismo, etc. Para tener una medida justa del cambio de visión (o, con una palabra menos pomposa, de paradigma) al cual *La reproducción* ha contribuido, es mejor apegarse no tanto a las discusiones y a las polémicas llamadas teóricas, que deben lo esencial de su existencia y de su persistencia a la lógica de la reproducción escolar, sino sobre todo al conjunto de trabajos de investigación que han renovado completamente el conocimiento de la institución escolar, tanto en el Reino Unido como en Estados Unidos: estos estudios inseparablemente teóricos y empíricos han revelado, en particular, que la sociedad norteamericana (que, en el curso de los años sesenta, es decir en el momento en que nosotros emprendimos nuestras primeras investigaciones sobre la educación, era casi siempre descripta como el *paraíso de la movilidad y del éxito,* en oposición a las viejas sociedades europeas encerradas en el conservadurismo de sus noblezas y de sus burguesías) también tenía sus "escuelas de elite" dedicadas, como sus equivalentes europeas, a la perpetuación y la legitimación de jerarquías. Se sabe desde entonces que el título escolar *credencial* contribuye eficazmente, allí y donde quiera, a asegurar la reproducción social, al lograr la perpetuación de la estructura de la distribución permanente que, aunque tenga todas las apariencias de la igualdad, está marcada por un sesgo sistemático en favor de los que poseen un capital cultural heredado. Esta validación empírica del modelo propuesto por *La reproducción* resiste bien, me parece, todas las pruebas de la metodología empirista.

¿Y habría que renegar por que Estados Unidos de Norteamérica haya perdido su estatus de excepción ejemplar, si la ciencia social gana con ello en unidad?

9. Principios para una reflexión sobre los contenidos de la enseñanza*

PREÁMBULO

A finales de 1988, el Ministerio de Educación Nacional francés creó una comisión de reflexión sobre los contenidos de la educación en Francia. A la cabeza de esta comisión fueron nombrados Pierre Bourdieu y François Gros. Además de ellos la comisión quedó compuesta por otros reconocidos intelectuales franceses: Jacques Derrida, Hubert Condamines, Didier DaCunha Castelle, Pierre Baqué, Pierre Bergé, René Blanchet, Jacques Bouveresse, Jean Claude Chevalier, Phillippe Joutard, Edmond Malinvaud, François Mathey.

La tarea de esta comisión fue la de proceder a una revisión de los saberes enseñados con el propósito de reforzar su coherencia y su unidad.

En la primera fase de su trabajo los miembros de la comisión se dieron a la tarea de formular los principios que deberían regirlo. Conscientes y preocupados por las implicaciones y las aplicaciones prácticas, pedagógicas sobre todo, de tales principios, se esforzaron por fundamentarlos no obedeciendo sino a la disciplina propiamente intelectual que se desprende de la lógica intrínseca de los conocimientos disponibles y de las anticipaciones o de las preguntas formulables. Al no tener como objetivo la intervención directa y a corto plazo en la definición de los programas, los comisionados se propusieron delinear las grandes orien-

---

* Conocido también como el *Informe del Colegio de Francia*.

taciones de la transformación *progresiva* de los contenidos de la enseñanza, transformación que es indispensable, aunque deba tomar cierto tiempo, para seguir y aun para sobrepasar, tanto como sea posible, la evolución de la ciencia y de la sociedad.

Comisiones de trabajo especializadas, que aceptaron los principios aquí propuestos, continuaron o comenzaron un trabajo de reflexión más profundo sobre cada una de las grandes regiones del saber.[1] Intentaron proponer ya en junio de 1989, no el programa ideal de una enseñanza ideal, sino un conjunto de observaciones precisas desprendidas de las implicaciones de tales principios. Estas proposiciones llevarían esencialmente hacia la reestructuración de las divisiones del saber y a la definición de las condiciones de su transmisión, así como hacia la eliminación de las nociones caducas o poco pertinentes y a la introducción de nuevos saberes impuestos por los avances del conocimiento y de los cambios económicos, técnicos y sociales. Los trabajos así desarrollados podrían ser presentados y discutidos en un coloquio que reuniera también a expertos internacionales.

Si bien en el sistema de enseñanza, como en otros campos, el cambio producto de la reflexión y la planificación constituye una exigencia permanente, no se trata evidentemente de hacer a cada momento tabla rasa del pasado. En efecto, entre todas las innovaciones que han sido introducidas en el curso de los últimos años, muchas estuvieron justificadas. Es importante evitar la modificación sin examen de todo lo que se ha heredado del pasado ya que no es posible distinguir en *todo momento* y en *todos los dominios* la parte "caduca" y la parte "válida". Es necesario tomar como objeto constante de reflexión la relación nueva que puede y debe ser instaurada entre lo que es necesario mantener del pasado y la adaptación, no menos necesaria, al futuro.

La forma, necesariamente abstracta y general, de los principios así enunciados no se justifica, anticipadamente, sino por *el*

---

[1] "Principes pour une reflexion sur les contenus de l'enseignement", *Le Monde de l'Éducation, Actualité,* abril de 1989.

trabajo que falta por hacer, que deberá, respetando el rigor, ponerlos a prueba para de este modo determinar y diferenciar su contenido.

PRIMER PRINCIPIO

Los programas deben ser sometidos a una puesta en cuestión periódica tratando de introducir en ellos los conocimientos exigidos por los progresos de la ciencia y los cambios de la sociedad (entre los cuales se encuentra, en primer lugar, la unificación europea), y todo agregado deberá ser compensado mediante supresiones.

Disminuir la extensión o la dificultad de un programa no significa bajar su nivel. Al contrario, una reducción, operada con discernimiento, debe permitir una elevación del nivel en la medida en que (y en esa medida solamente) posibilite trabajar menos tiempo pero mejor al reemplazar el aprendizaje pasivo por la lectura activa —ya se trate de libros o de soportes audiovisuales—, por la discusión o por el ejercicio práctico, para volver a dar todo su lugar a la creatividad y al espíritu de invención. Lo que implica, entre otras cosas, que sean profundamente transformados los controles del aprendizaje y los modos de evaluación de los progresos obtenidos. La evaluación del nivel esperado no deberá ya reposar solamente sobre un examen difícil y aleatorio, sino que deberá asociar el control continuo y un examen final que lleve hacia lo esencial tratando de medir la capacidad de aplicar los conocimientos en un contexto totalmente diferente de aquel en el que han sido adquiridos; por ejemplo, en el caso de las ciencias experimentales, con pruebas prácticas que permitan evaluar la capacidad inventiva, el sentido crítico y el "sentido práctico".

SEGUNDO PRINCIPIO

La educación debe privilegiar todas las enseñanzas que ofrezcan modos de pensar dotados de una validez y de una aplicabilidad general con respecto a las enseñanzas que proponen saberes susceptibles de ser aprendidos de manera también eficaz (y a veces más agradablemente) por otras vías. Hay que velar en particular por que la enseñanza no deje subsistir lagunas inadmisibles, que son perjudiciales para el éxito del conjunto de la empresa pedagógica, sobre todo en materia de modos de pensar o de saber-hacer fundamentales que, al considerarse como enseñados por todo el mundo, acaban por no ser enseñados por nadie.

Es necesario privilegiar, resueltamente, las enseñanzas encargadas de asegurar la asimilación reflexiva y crítica de los modos de pensar fundamentales (como el modo de pensar deductivo, el modo de pensar experimental o el modo de pensar histórico, y también el modo de pensar reflexivo y crítico que debería estarles siempre asociado).

Con una intención de reequilibramiento, será necesario, especialmente, hacer más claramente perceptible la especificidad del modo de pensar experimental, al precio de una valoración resuelta del razonamiento cualitativo, de un reconocimiento claro del carácter provisorio de los modelos explicativos y de la estimulación y el entrenamiento constantes en el trabajo práctico de investigación.

Será necesario también examinar si y cómo cada uno de los grandes sectores del conocimiento (y cada una de las "disciplinas" en las cuales se traducen de manera más o menos adecuada) puede contribuir a la transmisión de los diferentes modos de pensar, y si ciertas especialidades no están mejor ubicadas, por toda su lógica y su tradición, para asegurar el aprendizaje exitoso de uno u otro modo. Y será necesario, en fin, velar para dar un lugar importante a todo un conjunto de técnicas que, aunque son tácitamente exigidas por todas las enseñanzas, raramente son objeto de una transmisión metódica: utilización del diccionario, uso de abreviaturas, retórica de la comunicación, constitución de un fichero, creación de un índice, utilización de un fichero señalético o de un banco de datos, preparación de un manuscrito, investigación documental, uso de instrumentos informáticos, lectura de tablas numéricas y de gráficos, etc. Ofrecer a todos los alumnos esta tecnología de trabajo intelectual y, en general, inculcarles métodos racionales de trabajo (como el arte de escoger entre las tareas obligatorias o de distribuirlas en el tiempo) será una manera de contribuir a reducir las desigualdades ligadas a la herencia cultural.

TERCER PRINCIPIO

Abiertos, flexibles, revisables, los programas son un marco y no una horca: deben ser cada vez menos constrictivos a medida que nos elevamos en la jerarquía de los órdenes de la enseñanza; su elaboración y su condicionamiento práctico deben solicitar la colaboración de los profesores. Deben ser progresivos —conexión vertical— y coherentes —conexión horizontal— tanto en el interior de una misma especialidad como en el plano del conjunto del saber enseñado (en el ámbito de cada clase).

El programa no es un código imperativo. Debe funcionar como una guía para el profesor y para los estudiantes —y los padres—, que allí deben encontrar una exposición clara de los objetivos y las exigencias del nivel de enseñanza considerado. Es deseable que los profesores den a conocer el programa a los estudiantes al comienzo del año. Por esto, el programa debe estar acompañado de una *exposición de motivos* que indique la "filosofía" que lo ha inspirado, los objetivos buscados, los presupuestos y las condiciones de su puesta en marcha, además de contener ejemplos de su aplicación.

Los objetivos y los contenidos de las diferentes especialidades y de los diferentes niveles deben ser percibidos y definidos en su interdependencia. Los programas deben prever explícitamente todas las repeticiones *(y éstas solamente)* que son indispensables para asegurar la asimilación de los conocimientos fundamentales. Si puede ser útil abordar la misma cuestión a partir de puntos de vista diferentes (por ejemplo desde la perspectiva de la matemática o de la historia del arte), es necesario trabajar para abolir, al menos cuando tengamos la prueba de su inutilidad, todos los dobles ejemplos y los encabalgamientos indeseables, tanto en los niveles sucesivos de la misma especialidad como entre las diferentes enseñanzas de un mismo nivel.

Para poder demandar y obtener enseñanzas continuas y coherentes, los programas deben prever de manera *tan precisa como sea posible el nivel exigido al comienzo* (evitando especialmente los títulos vagos, que dan lugar a interpretaciones laxas) y el nivel *exigido* al término del año considerado. Los programas deben ser puestos a prueba, de manera que sean realizables sin necesidad de someterse a hazañas particulares en los límites de tiempo impartido. Para favorecer el éxito de su puesta en marcha deben contener indicaciones concernientes a los tiempos correspondientes a cada una de las etapas principales.

Todas las especialidades fundamentales deben ser el objeto de un aprendizaje que se desarrolle durante varios años, para rebasar el estado de la simple iniciación y conducir a una maestría suficiente de los modos de pensar y de las exigencias que les son propias. La coherencia y la complementariedad entre los programas de las diferentes especialidades deben ser metódicamente buscadas en cada nivel. En los casos en los que comisiones por especialidad sean necesarias, hay que prever una comisión de programas *común* (por nivel) para asegurar y eliminar los dobles empleos.

Sin exponerse a la imitación servil de modelos extranjeros, se debe encontrar una inspiración crítica en la comparación metódica con los programas vigentes en otros países europeos, especialmente como medio para corregir los olvidos y las lagunas; la comparación deberá permitir desalojar las supervivencias vinculadas a las arbitrariedades de una tradición histórica. Además ella podría conducir a acrecentar la compatibilidad del sistema francés con los otros sistemas europeos, y a reducir los obstáculos en relación con concurrentes eventuales; la comparación tendría como efecto en todo caso dar lugar a la lógica de la elección consciente y explícita evitando la reconducción automática y tácita de los programas establecidos.

CUARTO PRINCIPIO

El examen crítico de los contenidos actualmente exigidos debe siempre conciliar dos variables: su exigibilidad y su transmisibilidad.

Por un lado, el dominio de un saber o de un modo de pensar es más o menos indispensable por razones científicas o sociales, en un nivel determinado (en tal o cual clase); por otro lado, su transmisión es más o menos difícil en ese nivel del curso, dadas las capacidades de asimilación de los alumnos y la formación de los maestros correspondientes.

Este principio deberá conducir a la exclusión de toda especie de transmisión prematura. También a movilizar todos los recursos necesarios (especialmente en el tiempo consagrado a la transmisión y en los medios pedagógicos) para asegurar la asimilación efectiva de saberes difíciles que se juzgan absolutamente necesarios. (Para darse una idea más precisa de la transmisibilidad real, en un cierto nivel del curso, de un saber o de un modo de pensar determinado, hay que tomar en cuenta los resultados de las investigaciones que evalúan el dominio que los estudiantes de diferentes niveles y orígenes sociales tienen de los saberes enseñados en las diversas especialidades.)

La transformación eventual de los contenidos y la instauración definitiva de una modificación del programa no deberían ser operadas sino después de un trabajo de experimentación llevado a cabo en una situación real, con la colaboración de los profesores, y después de los cambios en la formación (inicial y continua) de los maestros encargados de enseñarlos. El esfuerzo de adaptación que se exigirá a los docentes deberá ser sostenido por el otorgamiento de semestres o de años sabáticos y por la organización de estancias largas que les permitan iniciarse en los modos de pensar y en los saberes nuevos, adquirir la nueva calificación y, eventualmente, cambiar de orientación.

De manera más general, deberán implementarse instancias que tengan como tarea recoger, reunir y analizar las reacciones y las reflexiones de los profesores encargados de la aplicación, de sugerencias, críticas, acondicionamientos deseables, innovaciones propuestas, etc. (la red Minitel[2] podría ser utilizada con este fin). Un esfuerzo permanente de búsqueda pedagógica, a la vez metódica y práctica, que asocie a los maestros directamente comprometidos en el trabajo de formación, podría así instaurarse.

QUINTO PRINCIPIO

Con el deseo de mejorar el rendimiento de la transmisión del saber diversificando las formas de la comunicación pedagógica y apegándose a la cantidad de saberes realmente asimilados más que a la cantidad de saberes teóricamente propuestos, se distinguirá, tanto entre las especialidades como en el seno de cada una de ellas, lo que es obligatorio, opcional o facultativo y, al lado de los cursos, se introducirán otras formas de enseñanza, trabajos dirigidos y enseñanza colectiva, reuniendo profesores de dos o más especialidades y pudiendo, con este fin, introducir la forma de encuestas o de observaciones sobre el terreno.

---

2 Sistema de video computarizado de información integrado al sistema telefónico en Francia. [T.]

El aumento del conocimiento hace vana la ambición del enciclopedismo: no se pueden enseñar todas las especialidades ni la totalidad de cada especialidad. Además, han aparecido especialidades que ligan la ciencia fundamental y la aplicación técnica. Es el caso de la informática en todos los órdenes de la enseñanza o de la tecnología en el colegio; su introducción en éstas no puede ser una simple adición: debe tener como efecto imponer en un plazo más o menos largo una redefinición de las divisiones de la enseñanza.

Es importante sustituir la enseñanza actual, enciclopédica, aditiva y cerrada, por un dispositivo que articule los contenidos obligatorios, encargados de asegurar la asimilación reflexiva de un mínimo común de conocimientos, de contenidos opcionales, directamente adaptados a las orientaciones intelectuales y al nivel de los alumnos, y de contenidos facultativos e interdisciplinarios provenientes de la iniciativa de los profesores.

Esta diversificación de formas pedagógicas y del estatus de los diferentes contenidos deberá tomar en cuenta la especificidad de cada especialidad para poder escapar de la simple contabilidad por "disciplina", que es uno de los obstáculos mayores para toda transformación real de los contenidos de la enseñanza. Esta redefinición de las formas de la enseñanza, que hará alternar cursos y trabajos prácticos, cursos obligatorios y cursos opcionales o facultativos, enseñanza individual y colectiva, enseñanza para pequeños grupos (o ayuda individual a los alumnos) y para grupos más grandes, tendría como resultado *disminuir el número de horas destinadas al empleo del tiempo por los alumnos sin aumentar el número de clases atribuidas a cada profesor.*

Esta redefinición acrecentará la *autonomía de los profesores* que, dentro del marco de conjunto definido por el programa, podrían organizar ellos mismos su plan de estudios al inicio del curso. Esta diversificación de formas pedagógicas deberá también conducir a una utilización más flexible y más intensiva de los instrumentos y de las instalaciones; las autoridades territoriales competentes —región, departamento-comuna— deberán ocuparse de construir o renovar las instalaciones escolares, *de acuerdo con los profesores,* a fin de poder ofrecer a la enseñanza los locales adecuados, en número y en calidad.

Las actividades colectivas y multidimensionales serían más convenientes, por supuesto, en la tarde. Es el caso, por ejemplo, de la enseñanza de lenguajes: al englobar el estudio de los usos del discurso, oral o escrito, y de la imagen, se ubica en la intersección de muchas especialidades: supone una buena utilización de materiales técnicos; conduce a relaciones con otros colegas (pertenecientes a la industria de la imagen, artistas, etc.) y recurre a la producción tanto como al comentario.

SEXTO PRINCIPIO

La preocupación por reforzar la coherencia de las enseñanzas debe conducir a favorecer los contenidos desarrollados en común por profesores de diferentes especialidades y también para repensar las divisiones en "disciplinas", sometiendo a examen ciertos reagrupamientos heredados de la historia y operando, siempre de manera progresiva, ciertos acercamientos impuestos por la evolución de la ciencia.

Todo debe hacerse para animar a los profesores a coordinar sus acciones, al menos mediante reuniones de trabajo pensadas para intercambiar información sobre los contenidos y los métodos de enseñanza, y para darles el deseo y los medios (en locales adaptados y equipados, etc.) de enriquecer, diversificar y extender su tarea saliendo de las fronteras estrictas de su especialidad o brindando enseñanzas en común. (Sería deseable que ciertos docentes pudiesen estar oficialmente autorizados a consagrar una parte de su asignación horaria a las tareas, indispensables, de coordinación-organización de reuniones, reproducción de documentos, transmisión de información, etcétera.)

Las sesiones de enseñanza que reagrupan profesores de dos (o varias) especialidades diferentes, reunidos según sus afinidades, deberían tener el mismo rango que los cursos; que cada hora de enseñanza de este tipo cuente, prácticamente, por una hora para cada profesor que participe. Estas sesiones se dirigirán a los alumnos reagrupados según otras lógicas que las vocacionales actuales, sobre todo por nivel de aptitud o en función de intereses comunes por temas particulares. Un cierto número de horas anuales, cuyo uso será libremente decidido por el conjunto de los profesores implicados, se les podrá atribuir oficialmente. Todos los medios disponibles —bibliotecas renovadas, enriquecidas, modernizadas, técnicas audiovisuales— deberán ser movilizados para reforzar la atracción y la eficacia. El esfuerzo, absolutamente necesario, para repensar y rebasar las fronteras entre las "disciplinas" y las unidades pedagógicas correspondientes no deberá hacerse en detrimento de la identidad y la especificidad de las enseñanzas fundamentales: deberá, por el contrario, hacer aparecer la coherencia y la particularidad de las problemáticas y los modos de pensar característicos de cada especialidad.

SÉPTIMO PRINCIPIO

La búsqueda de la coherencia deberá derivarse de una búsqueda del equilibrio, y de la integración entre las diferentes especialidades y, en consecuencia, entre las diferentes formas de excelencia. Será importante, en particular, conciliar el universalismo inherente al pensamiento científico y al relativismo que enseñan las ciencias históricas, atentas a la pluralidad de los modos de vida y de las tradiciones culturales.

Todo deberá tender a reducir, siempre que sea posible y deseable, la oposición entre lo teórico y lo técnico, entre lo formal y lo concreto, entre lo puro y lo aplicado, y a reintegrar la técnica en el interior mismo de las enseñanzas fundamentales. La necesidad de equilibrar las partes reservadas a lo que llamaremos, por comodidad, "lo conceptual", "lo sensible" y "lo corporal" se impone en todos los niveles, pero especialmente en los primeros años. El peso dado a las exigencias técnicas y a las exigencias teóricas deberá ser determinado en función de las características propias de cada nivel, de cada disciplina, tomando pues en cuenta especialmente las carreras profesionales que se preparan y las características sociales y escolares de los alumnos concernidos, es decir, sus capacidades de abstracción tanto como su vocación a entrar más o menos rápidamente en la vida activa.

Una enseñanza moderna no debe en ningún caso sacrificar la historia de las lenguas y de las literaturas, de las culturas y de las religiones, de las filosofías y de las ciencias. Debe, por el contrario, ajustarse y trabajar sin cesar en esas historias, de manera cada vez más sutil y crítica. Pero, por esta misma razón, no debe regirse por la representación que de ellas dan a veces quienes reducen el "humanismo" a una imagen estereotipada de las "humanidades".

La enseñanza de los lenguajes puede y debe, tanto como la enseñanza de la física o de la biología, ser la ocasión de la iniciación a la lógica; la enseñanza de la matemática o de la física, tanto como la de la filosofía o de la historia, puede y debe permitir prepararse para la historia de las ideas, de las ciencias o de las técnicas (esto, evidentemente, a condición de que los profesores estén formados de manera adecuada).

De modo más general, el acceso al método científico pasa por el aprendizaje de la lógica elemental y por la adquisición de hábitos de pensamiento, de técnicas y de instrumentos de conocimiento que son indispensables para conducir un razonamiento riguroso y reflexivo. La oposición entre las "letras" y las "ciencias", que domina todavía hoy la organización de la enseñanza y las mentalidades de los maestros, de los estudiantes y de los padres de los estudiantes, puede y debe ser superada por una enseñanza capaz de profesar a la vez la ciencia y la historia de las ciencias o la epistemología, de iniciarse tanto en el arte o en la literatura como en la reflexión estética o lógica sobre los objetos; de enseñar no solamente el dominio de la lengua y de los discursos literario, filosófico y científico, sino también el dominio activo de los métodos y de los procedimientos lógicos y retóricos que están en ellos implicados.

Para sacar de su apariencia abstracta estas consideraciones, bastará mostrar, en una enseñanza común al profesor de matemática o de física, y al profesor de lengua o de filosofía, que las mismas competencias generales son exigidas para la lectura de textos científicos, de informaciones técnicas o de discursos argumentativos. Un esfuerzo semejante debería hacerse para articular los modos de pensamiento propios de las ciencias de la naturaleza y de las ciencias del hombre, para inculcar el modo de pensamiento racional y crítico que enseñan todas las ciencias, para lo cual deberá recordarse la raíz histórica de todas las obras culturales, incluidas también las científicas o filosóficas, y permitir descubrir, comprender y respetar la diversidad, en el tiempo y en el espacio, de las civilizaciones, de los modos de vida y de las tradiciones culturales.

El Consejo Nacional de Programas de Enseñanza tendrá como tarea llevar a la práctica el conjunto de principios enunciados aquí. Sus miembros deberán ser escogidos en función de su sola competencia y actuar a *título personal* y no como representantes de cuerpos, de instituciones o de asociaciones. Este consejo deberá trabajar *permanentemente* (lo que supone que sus miembros sean liberados de una parte de sus otros cargos) durante un período de cinco años; pero las modificaciones que este consejo pretenderá, eventualmente, aportar a los programas vigentes no podrán ser aplicadas sino cada cinco años. Su competencia deberá extenderse a todos los órdenes y a todos los tipos de enseñanza.

PARÍS, MARZO DE 1989
LA COMISIÓN

10. Entrevista sobre la educación*

T. HORIO: *Reencontré a Pierre Bourdieu en 1986 en el Colegio de Francia. Recibí, leí y traduje el* Informe del Colegio de Francia, *en el cual se encuentran proposiciones muy progresistas.*[1]

Conozco el papel y la importancia de Pierre Bourdieu durante 1968..., la manera en que ha sido presentado en Japón, y pensé que él era de izquierda en aquel momento. Los izquierdistas pensaron que, como la escuela estaba cerrada, era necesario destruirla.

Alain Prost hizo una larga recensión de La reproducción *que yo leí. Él presentó esta obra como pesimista y estática, y he sufrido esta influencia; pero leyendo las proposiciones del Colegio de Francia comprendí que había cometido un error y que no había visto aún el verdadero carácter de sus proposiciones.*

Los periodistas japoneses lo han presentado a usted como un estructuralista y eso es otro error. ¿Se puede, empleando un neologismo, decir que su línea es la de un estructuralismo "historicizante" o viviente? ¿Puedo decir que sus investigaciones reconcilian historia y estructuralismo como un estructuralismo en marcha?

Usted desempeña un papel muy importante en la reforma de la educación; no es un intelectual nihilista, sino que trabaja de una manera activa, constructiva, y trata de intervenir en la vida.

---

* Entrevista realizada en Tokio, Japón, en octubre de 1989, por H. Kato y T. Horio, profesores de sociología en la Universidad de Tokio.

1 El entrevistador se refiere al documento titulado "Principios para una reflexión sobre los contenidos de la enseñanza", que se encontrará en este mismo volumen, pp. 113-125.

Esta conversación es la última etapa de un período de trabajo muy intenso en el que yo he podido oírlo a usted en las conferencias, en la mesa redonda... y la impresión que me ha quedado es la importancia, el lugar del saber, de los saberes, en la actualidad, y su papel social.

Ayer, en el periódico Asahi, *usted habló del papel de los intelectuales y yo quisiera resumir sus opiniones para los lectores de esta revista, o mejor aún, dar mi impresión: se trata de una crítica del periodismo actual, que utilizando la autoridad de los mass media pone a los ciudadanos en situación de "vacaciones", fuera de juego. Habló usted también de la aparición de nuevos tecnócratas, de epistemócratas, de nucleócratas... Por un lado, el pueblo es puesto fuera de juego, separado de los grandes problemas, y, por otra parte, el campo intelectual es invadido por esos epistemócratas que dominan al pueblo por mediación del saber. La reproducción de esos epistemócratas se hace por medio de los diplomas, la sociedad de los diplomados, el capital de los diplomas, el capital cultural. Esta perspectiva es importante y puede ser útil para analizar la situación japonesa actual.*

Otro aspecto que su conferencia muestra es que los sectores ignorantes pueden ser liberados mediante el saber y que el saber es portador de cambios.

En este contexto la educación desempeña un papel fundamental y las proposiciones del Colegio de Francia han sido redactadas con este espíritu. Hay muchos principios generadores en ellas; por ejemplo, los que tienen relación con la unificación de la ciencia y la diversidad de las culturas y con el deseo de hacer compatibles estos dos principios.

La inteligencia escolar y la inteligencia matemática son una sola y misma cosa. Hay que asegurar la multiplicidad de las formas de excelencia y romper el orden, la jerarquía de las formas de inteligencia.

El quinto principio habla de la revisión periódica de los saberes que se van a enseñar. En el suplemento que recibí ayer y que constituye la continuación de las proposiciones del Colegio de Francia, se dice también que los programas deben ser flexibles y no deben constituir una especie de collar de hierro como en el caso del Japón.

Además, ayer, en su conferencia en el periódico Asahi, *usted habló de una movilización necesaria de los intelectuales. Es cierto que no hay nada explícitamente normativo en sus conclusiones, sin embargo yo he*

visto en ellas este aspecto normativo y lo apruebo plenamente. Está igualmente la aparición de su revista Liber, *que hace un llamado a la solidaridad de los intelectuales y a rebasar el marco de las culturas particulares para alcanzar lo universal.*
Me preocupa pensar que pueda estar presentándolo quizá bajo un aspecto normativo. Ayer en su conferencia usted centró su interés en lo que son los intelectuales. Al escucharlo se colige que todo el mundo puede aspirar a esta calificación gracias a la educación, al saber, aunque esto pueda parecer muy utópico, como implicaba la pregunta que le hice al final de la conferencia. Quisiera continuar hoy aquella conversación, y empezar por la pregunta acerca de si esta posición era demasiado idealista, a lo que usted respondió: no, absolutamente. Desearía hoy pedirle que desarrollara ese punto. Discúlpeme, en fin, por haber hecho este comentario inicial tan largo.

PIERRE BOURDIEU: Quisiera, para empezar, evocar el contexto en el cual ha aparecido el trabajo que yo he hecho sobre la educación: creo, en efecto, que es importante para explicar todos los malentendidos originados en su difusión.

Retrospectivamente me parece que *Los herederos,* el primer libro en el que fueron expuestos los resultados de los trabajos sobre educación, fue un verdadero estallido en el cielo político. El libro tuvo mucho éxito. Fue leído por toda una generación y produjo el efecto de una revelación, aunque no decía nada extraordinario: los hechos eran bien conocidos por la comunidad científica. Se tenían, desde hacía mucho tiempo, encuestas sobre la eliminación diferencial de los niños según su medio de origen. Yo creo que lo que ha impresionado es que este libro, a diferencia de los trabajos anglosajones, ha extraído las consecuencias de todo ello, o mejor aún, ha despejado los mecanismos que están en la base de las observaciones empíricas. No nos contentamos con decir que el sistema escolar elimina a los hijos de las clases desfavorecidas: tratamos de explicar por qué ocurría y, en particular, cuál era la responsabilidad, la contribución —porque la palabra responsabilidad es ya normativa—, cuál era la contribución que el sistema escolar, y por ello los docentes, aportaban a la reproducción de las divisiones sociales.

A riesgo de extenderme un poco quisiera evocar el contexto en el que fue recibido un libro como *Los herederos*. Pienso que la sociología permite entender los malentendidos en la recepción de la sociología, y en particular los malentendidos que resultan del desfase entre el punto de vista científico y el punto de vista de los lectores de los trabajos científicos.

Pienso que *La reproducción* o *Los herederos* o los trabajos ulteriores como *La distinción* han sido objeto de una lectura ética o política. La gente se interesa más frecuentemente en los trabajos históricos porque piensa siempre en la lógica del enjuiciamiento: ¿ha sido culpable fulano de tal?, ¿o no lo ha sido? Con *Los herederos* lo que se ha instaurado es un enjuiciamiento del sistema de educación: ¿es culpable el sistema de educación? ¿Qué puede hacer el sociólogo en este caso? Aunque suponga que esa lectura está en la cabeza de los lectores potenciales, él no puede neutralizarla de antemano. Aun cuando la revele anticipadamente. Yo podría mostrar que en *Los herederos,* en todos mis libros, hay notas que revelan de antemano las lecturas que pueden hacerse, y que las escribo sabiendo que no serán leídas. A menudo pienso en los escultores de la Edad Media que hacían estatuas a treinta metros del piso, que nadie podía ver. Sería muy importante, para el futuro mismo de la comunicación científica y de los usos de la ciencia, y en la lógica misma de lo que ha dicho el señor Horio, preparar a la gente para leer las ciencias sociales como ciencias.

H.K.: *Quisiera hacer una pregunta: ¿qué piensa usted de esta percepción de sus trabajos en Japón? La revista* Jôkyô *ha publicado un texto suyo; pero, según el señor Horio, usted ha sido en cierto modo monopolizado en la situación concreta japonesa por un grupo izquierdista.*

P.B.: Es a eso a lo que quiero llegar, pero como no conozco la situación de Japón y no puedo responder directamente, aun cuando creo que existen homologías o analogías, voy a responder refiriéndome al caso de Francia y estará en ustedes decirme si es semejante o no al de Japón.

J. F. SABOURET: *Las dos lecturas contra las cuales usted nos ha puesto en guardia son las lecturas éticas o políticas y usted quisiera una lectura científica, al menos en una primera instancia.*

P.B.: Sí, pero eso no es todo...

H.K.: *El señor Horio dijo hace rato que esta revista* Jôkyô *estaba dirigida por Hiromatsu.*

P.B.: Como no estoy en condiciones de analizar la situación de Japón quisiera hablar de Francia, pero hablando de Francia, espero hablar de Japón, como lo he hecho todo el tiempo durante estas conferencias.

Los lectores de trabajos de sociología tienen tendencia a leer espontáneamente con una perspectiva normativa. Segundo principio de error, invierten en ello sus intereses y, contrariamente a lo que se cree, la gente tiene muchos intereses invertidos en el sistema educativo, especialmente los profesores. Y, paradójicamente, los que tienen, sin duda, los intereses más importantes son aquellos que yo llamo los *miraculés*, es decir, los que llegaron por el sistema escolar, los advenedizos de la cultura, los hijos de maestros por ejemplo. Eso dije, más o menos, en la semana del pensamiento marxista, semana de discusiones intelectuales que el partido comunista, en la época en que todavía era poderoso, organizaba cada año: yo tenía a mi derecha a Juquin, hijo de ferroviario, y a Cognot, los dos catedráticos de la universidad, advenedizos de la cultura, que me habían invitado pero muriéndose de miedo por lo que yo iría a decir. Y, evidentemente, no los defraudé porque yo tengo por principio, siempre, decir aquello que es lo más difícil de avalar por el público al que hablo, que es lo contrario de la demagogia.

En lugar de hacer grandes discursos, dije: "Aquellos a los que la escuela ha liberado ponen su fe en la escuela liberadora al servicio de la escuela conservadora...". No fui muy aplaudido (había 3.000 o 4.000 personas); se verá que no estuve muy elocuente, a diferencia de Juquin, que preparó un gran discurso como uno hace de ordinario en semejante situación, es decir, todo lo contrario del análisis. Esta historia no es anecdótica. Permite entender una de las reacciones más violentas contra lo que he hecho, que vino de la base intelectual del partido comunista, es decir, de los *miraculés* de la escuela, que tenían dos razones para quererme allí: ellos me querían, en primer lugar, para que yo dijera su inconsciente, lo que ellos habían rechazado; y me querían allí, también y sobre todo, como intelectuales, como analistas, como responsables políticos, para decir lo que ellos habrían debido decir. Es aquí donde uno llega a Langevin-Wallon. Langevin-Wallon es el Alfa y Omega, la Biblia, y no lo movamos más.

Si yo me permito contar estas cosas, que pueden parecer historia vieja, es por dos razones: primero porque pienso que los intelectuales japoneses están inmersos en una atmósfera intelectual muy parecida, donde está la cuestión de la "escuela liberadora" e incluso el plan Langevin-Wallon; y además, porque pienso que es así como hay que analizar; porque quisiera transmitir una manera de percibir la discusión política, a propósito de la educación o de cualquier otra cosa, en Francia o en Japón. Delante de las gentes que toman una posición, de izquierda o conservadora, en materia de educación, hay que preguntarse qué intereses tienen ellos en el sistema escolar, qué relación tienen con el sistema escolar, en qué grado su capital está comprometido con su paso por la institución escolar, etc. Pienso que, en el mundo intelectual, en un sentido amplio, la relación con el sistema escolar es uno de los grandes principios explicativos de las prácticas y de las opiniones.

Regreso al análisis. En aquella época, en el cuerpo de profesores, el fondo ideológico era la ideología de la escuela liberadora: había un periódico que llevaba ese nombre, el Sindicato

Nacional de Maestros estaba embebido en esta idea, y un hombre como Pierre Vilar, que es un gran historiador marxista, un día que lo encontré en un coloquio, me reprochó públicamente por haber escrito lo que había escrito en *Los herederos*. Para las gentes que yo llamo *miraculés*, la puesta en evidencia de los determinantes sociales del éxito escolar tiene algo de escandaloso. Entre otras razones porque eso las despoja de todo su mérito.

Una buena cantidad de estas personas han devenido ultraconservadores durante y después del movimiento estudiantil. Pasaron de la izquierda clásica del partido comunista a la derecha clásica, precisamente, o más aún, a la derecha extrema. El movimiento estudiantil ejerció sobre ellos un verdadero traumatismo: destruyó su idea sobre ellos mismos. Frente a ellos estaban los movimientos de estudiantes que (la guerra de Argelia había terminado, el movimiento militante estaba un poco en descenso) desarrollaban la idea de que los estudiantes eran una clase, y describían las relaciones estudiantes-profesores como lucha de clases. Los profesores provenientes de clases populares o medias, todos buenos estudiantes que habían triunfado por sus "méritos", se encontraron superados a su izquierda por los estudiantes, que los hacían aparecer como fracasados de origen burgués...

Los estudiantes, pues, tenían también una representación mistificada de su condición. No querían ver las diferencias que los separaban. Por ejemplo, el sindicato de los estudiantes había hecho una encuesta en la que no se tomaba en cuenta la variable "profesión de los padres". El gran problema era la "independencia económica" de los estudiantes y se analizaban las respuestas en función de la residencia (con los padres o no). Aquí también el sociólogo cuestiona muchas de las ideas recibidas. Demuestra que hay diferencias sociales entre los estudiantes y hace estallar en pedazos la idea de una "clase estudiante".

Después vino *La reproducción*. Aquí, la palabra "reproducción" ha ejercido un efecto catastrófico. A la vez, ha contribuido mucho, sobre todo en Estados Unidos, a producir el éxito de eso que ellos llaman el "paradigma" según el cual el sistema escolar contribuye a la reproducción de la estructura social, pero al mismo tiempo ha bloqueado la lectura del libro. La historia de la literatura muestra muy claramente que lo que es común en la vida intelectual de una época es, muy a menudo, no el contenido de los libros, sino sus títulos. Por ejemplo, en 1880, todo era saturniano, poemas, poetas, etc. Con la reproducción, pasa algo semejante: la palabra ha circulado, pero el libro no se ha leído y se dijo —los sociólogos los primeros—: "Bourdieu dice que el sistema escolar reproduce las clases". Y como la gente lee normativamente, han sobreentendido: "y dice que está bien, luego él es conservador". Pienso que Touraine ha leído de este modo y todavía hoy me ubica en una visión mecanicista, pesimista, ignorante de la efervescencia del mundo social. Antoine Prost es lo mismo. Otros han hecho la lectura inversa: "Bourdieu dice que la escuela reproduce y está mal". En este caso dos cosas han intervenido: el título, pero también el exergo. Yo me divertí poniendo como exergo un poema de Robert Desnos, "El pelícano de Jonathan" (el pelícano pone un huevo, del que sale otro pelícano, y eso puede continuar largo tiempo si no hacemos una *omelette* antes). Entonces se dijo: "Bourdieu dice que hay que hacer la revolución".

H.K.: *¿Jonathan es...?*

P.B.: "El pelícano de Jonathan" es el título de un poema de Robert Desnos que yo puse como exergo por diversión. Perdónenme por tomarme tanto tiempo, pero termino ya la historia de las reacciones a mis primeros libros. Entre ustedes hay todo un conjunto de personas que han sido contrariadas por la existencia de ese libro. Evidentemente, los más contrariados han sido los colegas, sobre todo aquellos que se dicen de izquierda, la gente que está encargada de hacer la sociología de la educación y que eran miembros del partido comunista o próximos a él, como el señor

Snyders, para no hacer una lista, o la señora Isambert, o un católico progresista como el señor Prost, que comenzó a hacer la historia de la educación porque leyó *Los herederos*, lo que no le impidió ser injusto, al contrario. En lugar de decir: hay un libro importante que ha cambiado la visión de la educación y hay que ayudar a que sea difundido, lo que han hecho es lo que se llama en francés "un cordón sanitario". Y desde allí han disparado, a diestra y siniestra, diciendo cualquier cosa. A propósito de esto el artículo de Prost es interesante porque me reprocha a la vez de desesperanzar al maestro republicano y él se declara admirador de Illitch.

H.K.: *Lo que usted dice es interesante porque cuando dio su conferencia en la Universidad de Tokio los estudiantes hicieron un acercamiento entre usted e Illitch, pensando que los dos proponen la destrucción de la escuela.*

T.H.: *Se ha publicado en el mismo número de la misma revista un artículo suyo y otro de Illitch sobre el 68 en Japón.*

P.B.: Yo continúo mi historia refiriéndome siempre al contexto francés esperando darles de este modo elementos para analizar los efectos de las transferencias o de las imitaciones japonesas; o también simplemente la situación de los diferentes actores japoneses. La posición de Prost es interesante. Recurre a una estrategia que se emplea con mucha frecuencia en política para desembarazarse de un mensaje que provoca verdaderamente dificultades, problemas, que molesta: se le pone a la izquierda; más precisamente, para hacer absurda o anodina una posición de izquierda, hay que radicalizarla, llevarla a su límite, es decir, hasta el punto en que deviene absurda: la escuela conserva, hay que suprimirla.

Es una idea idiota, irrealista, irrealizable. No es ni siquiera una utopía, es una forma de nihilismo estúpido. Prost, que en el fondo de sí mismo sabía sin duda que *La reproducción* era un libro progresista que le molestaba por esa misma razón, neutralizó el malestar que le provocaba el libro yendo aparentemente un poco más allá, mientras en realidad se quedaba un poco más acá... Es una cosa muy conocida, el ultraizquierdismo es frecuentemente una forma de conservadurismo. Al mismo tiempo, los ataques se multiplicaron desde el partido comunista, en las revistas del partido comunista... Yo no las leí, pero algunos de mis alumnos que hacen trabajos sobre la historia del partido me han dicho que soy el intelectual francés más atacado por ese partido. Lo que a primera vista puede parecer sorprendente.

T.H.: *Es cierto, yo también pensé que usted era un conservador con palabras progresistas.*

P.B.: Eso es lo que yo llamo el cordón sanitario, se ha hecho mucho trabajo para anular los efectos del mensaje; es algo que conocemos muy bien; la sociología del profetismo lo enseña. Yo no digo que el mensaje de *La reproducción* sea, propiamente hablando, profético. Pero, a la manera de la profecía, propone una verdad que sacude las estructuras mentales, que cambia la visión del mundo. Antes el sistema escolar aparecía como un lugar al que se iba para aprender cosas universales, progresistas, etc. Llega un mensaje que sacude las ideas recibidas mostrando que el sistema de enseñanza produce efectos conservadores. Este mensaje hay que neutralizarlo, y entonces llega la casta de los curas (el fenómeno ha sido estudiado cien veces, en diversas sociedades) y dice que aquí no ha pasado nada. Eso es todo.

T.H.: *Resumiendo: ataques en el partido comunista, anexión izquierdista, crítica conservadora enmarcada en el ultraizquierdismo, tales son las enormes confusiones que han rodeado a La reproducción. ¿Cómo explica usted esos malentendidos?*

P.B.: La ciencia se sitúa más allá de las categorías políticas y por eso no tiene ningún sentido decir: *La reproducción* es un libro izquierdista, comunista, ultraizquierdista, conservador. Es un libro que describe las cosas como son, un libro que es confirmado por la observación. Veinte años después veo que es aún más verdadero de lo que yo creía. En aquel entonces se dijo también en el extranjero, sobre todo en Inglaterra y en Estados Unidos: eso es lo que pasa en Francia, que es un país aparte, con tradiciones aristocráticas, etc. Ahora, en Estados Unidos, aparecen todos los días libros que dicen que es igual en todas partes... Que es lo mismo en Noruega, en Suecia, etcétera.

Esto quiere decir que la ciencia social es difícil de hacerse y de leerse, es difícil porque las categorías del pensamiento que actúan en la comunicación de los resultados son muy frecuentemente construidas *contra* las categorías de pensamiento que están comprometidas en la lectura. Se le hacen al libro preguntas que él rechaza; se lo encierra dentro de alternativas que él sobrepasa, como la alternativa del mecanicismo o del finalismo, rebasadas por la noción de *habitus*. Es decir, los lectores tienen, a pesar de todo, sus excusas.

Lo que dice ese libro era difícilmente soportable, era penoso para mucha gente; es un libro que hacía daño... como *La distinción* ha hecho daño. Hay un informe en el que un poeta francés bastante conocido, Michel Deguy, dice más o menos: "Bourdieu nos hace mal a propósito". Es extraordinario... A Bourdieu no le importa hacer mal... Más aún, muy frecuentemente él se hace mal a sí mismo escribiendo ciertas cosas. Así pues, es un pensamiento que hiere y además es difícil. Tenemos pues todas las razones para no entenderlo. Es de este modo como se puede llegar a dos lecturas totalmente opuestas: una de tipo mecanicista (el sistema escolar es una mecánica, un engranaje fatal que, sistemáticamente, reproduce), y al lado de esta lectura fatalista, una lectura finalista (el sistema escolar es la mano de la burguesía, es el complot). Elster, un filósofo norteamericano, repite machaconamente todavía hoy que Bourdieu es finalista, funcionalista a la manera de Marx, que dice que la burguesía se sirve del sistema escolar para dominar, etc., mientras que el libro no dice nada de eso, y ya desde *Los herederos* eso que yo llamo el funcionalismo de lo peor, la idea de que todo está hecho en el mundo social para dominar a los dominados, para engañarlos, ha sido claramente denunciado.

H.K.: *Pero eso que ha dicho Prost es diferente de la posición de Illitch; me gustaría, pues, saber lo que usted piensa de Illitch.*

P.B.: Desde mi punto de vista no tiene ningún interés, no me interesa. Se puede decir eso... como decía Raymond Aron. Cuando alguien decía una cosa un poco tonta él decía: se puede decir eso.

H.K.: *Bueno, es una amable conclusión a propósito de Illitch.*

T.H.: *Entiendo perfectamente las razones que hacen que eso que dice el señor Bourdieu se preste a confusiones en Francia. Hay puntos que replantean de igual manera la situación japonesa. Pero yo quisiera pasar a otra cosa. Se habla de la escuela liberadora como objetivo y no como situación presente, es como un proyecto. Y nos preguntamos cómo podemos a través de la crítica realizar la reforma de la escuela actual. Ése es hoy el problema de la escuela japonesa: cómo a través de la crítica se puede cambiar la escuela; y si se piensa que no se la puede cambiar, entonces las proposiciones que pudiéramos hacer no tendrían sentido.*

H.K.: Los herederos *ha sido una obra agredida por los intelectuales del partido comunista, hay que decirlo. Hay que explicar bien esto a los lectores japoneses. Es un hecho histórico, no se puede negar.*

P.B.: *Los herederos* es un libro que ha sido agredido casi por todos lados. Yo puedo hablar de manera distanciada, como si no se tratara de mí (han pasado veinte años y no me ha afectado en absoluto). Pero pienso que convendría hacer un estudio sociológico sobre la recepción de *Los herederos*. Yo, por ejemplo, a partir de un determinado momento, cuando hacía encuestas, estaba obligado a hacer una pregunta: ¿ha leído usted *Los herederos*? Porque los que habían leído *Los herederos* sabían lo que había que responder o no responder. Dicho de otro modo, se ha vuelto un hecho social y ahora lo interesante es que, veinte años después, todo el mundo está de acuerdo en reconocer como evidente que el sistema escolar reproduce. Escuchamos eso en la televisión, pero el sistema de defensa (en el sentido en que lo entiende Freud) está todo el tiempo en funcionamiento.

Entre los sistemas de defensa recientes está el que consiste en decir: así es, no hay nada que hacer. Hoy la constatación se ha vuelto masiva, todo el mundo está de acuerdo en decir: sí, sabemos bien que en Francia el sistema escolar reproduce. Pero se hace como si fuera un *hecho de la naturaleza*. ¡Ustedes no van a cambiar la ley de la gravedad! Y la paradoja es que soy yo el que debe ahora recordar que esta ley es la que ha permitido volar (es lo que yo he dicho siempre desde *Los herederos:* quisiera que volvieran a la conclusión sobre la "pedagogía racional", que había sido considerada como reformista por algunos). Es porque conocemos las leyes de la reproducción por lo que tenemos alguna oportunidad de minimizar la acción reproductora de la institución escolar.

T.H.: *De hecho éste es el sentido del* Informe del Colegio de Francia.

P.B.: El *Informe del Colegio de Francia* —es algo importante que no ha sido visto en absoluto— no pronuncia la palabra "reproducción" ni la palabra "democratización". En ningún momento dice que el sistema escolar va a igualar las oportunidades, que el sistema escolar va a dar la cultura a todos. Jamás... esto es muy, muy importante. ¿Y por qué? Porque el sistema escolar está organizado de tal modo que no puede prácticamente democratizar y todo lo que puede hacer, lo mejor que puede hacer, es no reforzar la desigualdad, no redoblar, mediante su eficacia específica, esencialmente simbólica, las diferencias ya existentes entre los niños que le son confiados. Hay una serie de proposiciones que van en ese sentido: la más importante, desde este punto de vista, es la que consiste en poner en guardía contra el efecto de destino mediante el cual la institución escolar transforma las desigualdades sociales previas en desigualdades naturales. Si yo fuera ministro, la primera recomendación que haría a los profesores sería: no hacer jamás juicios de valor sobre sus alumnos; ustedes no tienen derecho de emplear la palabra "idiota", ustedes no tienen derecho de emplear la palabra "estúpido", ustedes no tienen derecho de escribir en el margen "este razonamiento es imbécil", ustedes no tienen el derecho de decir "nulo"... Dicho de otro modo, ustedes deben excluir todos los juicios de valor que afectan a la persona. Ustedes podrían decir: "Esta tarea no está bien", "esta solución es falsa", pero no pueden decir: "Eres nulo para matemática", "tú no estás dotado para la matemática". Los profesores de matemática deberían saber y comprender que tienen un poder diabólico de nominación, de constitución que se ejerce sobre la identidad misma de los adolescentes, sobre su imagen de sí, y que pueden infligir traumatismos terribles, aún más porque sus veredictos son muy frecuentemente subrayados y reforzados por los padres desesperados y angustiados. En definitiva, yo creo que lo que hay de más progresista en ese informe es *lo que no se dice*; es el hecho de no prometer cosas imposibles; no demanda al sistema escolar cosas que éste no puede hacer.

H.K.: *Para los japoneses, yo diría que no es un conjunto de consignas.*

P.B.: Exactamente. Yo pienso que es un texto de política científica: un texto que se esfuerza por ser científico y por utilizar para bien, racionalmente, la fuerza política que es intrínseca a la autoridad científica. Es un texto firmado unánimemente por el Colegio de Francia, en su totalidad, en tanto que cuerpo. (Diré, entre paréntesis, que un periodista de *Le Monde*, para hacerse el listo, para socavar, ya que yo le había hecho jurar que no lo haría, ha hablado del "informe redactado por M. Bourdieu", lo que fue doblemente monstruoso: primero, porque tuvo el efecto de debilitar ese informe al convertirlo en una contribución privada, sesgada, etc., y en segundo lugar, porque de este modo le arrebata una parte de la fuerza que debía al hecho de haber sido una reflexión colectiva del cuerpo intelectual más prestigioso.) Así, pues, este informe es un texto que usa de manera no cínica, sociológicamente, la autoridad social de los intelectuales, para ser escuchado y ser eficaz. Se trató de dar fuerza social a ideas justas.

H.K.: *Yo estuve un poco intrigado en la* FNAC *porque el texto se encontraba en la sección de P. Bourdieu, al lado de sus otros libros. No estaba firmado, pero...*

P.B.: Pero eso no es un error mío. Es decir, continúa llamándose *Informe del Colegio de Francia* y actúa en cuanto tal. No ha sido mi error. Yo hice todo lo que pude para que se llamara *Informe del Colegio de Francia*. Lo que es interesante, yo creo, es que se puede mostrar, a propósito de este ejemplo, cómo se puede actuar racionalmente, en tanto que intelectual. Los intelectuales, muy frecuentemente, o bien actúan para ellos mismos, o bien para un partido, pero no saben actuar para la verdad... En el caso del que hablamos, por ejemplo, yo obtuve, por cálculo, apoyándome en mi conocimiento del medio, usando la competencia entre los periodistas, que el mismo día todos los periódicos, yo creo (salvo *Le Figaro* y *L'Humanité*), tuvieran como encabezado de la primera plana el *Informe del Colegio de Francia*, y que lo publicaran íntegramente. Spinoza dijo: "No hay una fuerza intrínseca en la idea verdadera", la verdad por ella misma no puede hacer nada, no tiene poder. Desgraciadamente, es cierto. El problema de la acción política racional es darle fuerza a la verdad, hacer que la verdad tenga un poco de fuerza. Hay una manera: dándole autoridad. Pero en general la autoridad es utilizada para sostener acciones conservadoras. En general el argumento de autoridad no es progresista. El problema es crear las condiciones para que la autoridad de un cuerpo científico pueda ser puesta al servicio de una verdad científica. Es un primer punto. Segundo punto: la verdad es una apuesta de lucha.

En los diversos campos se producen luchas para saber quién tiene la razón. Los hombres políticos luchan a propósito de la educación. ¿Cómo hacer para que el *Informe del Colegio de Francia* no sea puesto fuera de juego porque incomoda? Yo pensé: será eficiente si llega a ser una apuesta de lucha en las elecciones dentro de dos años. El Colegio de Francia, siendo una gran autoridad, en el momento de las elecciones, todo el mundo querrá tener las firmas de los profesores del Colegio de Francia, y en ese momento el informe va a funcionar. Por eso pensé que se convertiría en una apuesta de lucha entre la derecha y la izquierda. En realidad, se convirtió en una apuesta de lucha entre los diferentes sectores de la izquierda y es lo que ha hecho que funcione. El presidente de la República los insertó en su *Lettre aux Français*, que era su programa. Por eso el Colegio de Francia ha llegado a ser una autoridad con poderes y es a este título que me han pedido trabajar (de hecho yo hubiera querido que fuera cualquier otro, pero estuve obligado a continuar) en la revisión de los contenidos de la enseñanza propuesta en el *Informe del Colegio de Francia*.

H.K.: *Pero de todos modos se puede considerar que este informe ha sido elaborado colectivamente por el conjunto...*

P.B.: Ha sido discutido por todo el mundo, ha sido producido por todos. Ha sido aceptado unánimemente; lo que puede parecer sorprendente porque en el Colegio de Francia hay, como en todas partes, gente de todas las opiniones políticas. Y es así como aparece otra cosa importante: a condición de plantear los problemas de la educación de una manera racional sin demandar al sistema escolar hacer lo que no puede hacer, sin demandarle democratizar, etc., se puede llegar a una forma de consenso en las soluciones progresistas, a la vez científica y políticamente.

T.H.: *¿Cómo es posible? Estamos acostumbrados a pensar que hay antinomias entre las exigencias científicas de calidad y las exigencias de democratización.*

P.B.: En efecto, en muchos puntos las soluciones más progresistas científicamente son también las más progresistas políticamente, no hay antinomias; cierto que, durante años, los sindicatos de la izquierda en Francia, los sindicatos de investigadores especialmente, crearon una antinomia entre los criterios de calidad científica y los criterios sociales. En materia intelectual, los sindicatos de izquierda juegan con mala fe sistemáticamente, se sirven de analogías salvajes entre el CNRS y las fábricas de Renault por ejemplo para transformar reivindicaciones corporativistas, interesadas, de privilegiados que no hacen su trabajo, en reivindicaciones progresistas de trabajadores explotados.

T.H.: *¿Podría usted dar un ejemplo de esa coincidencia entre ciencia y democracia?*

P.B.: Por ejemplo, cuando se exhorta a combatir la jerarquización de las actividades (teóricas y empíricas) de las disciplinas, etc., o cuando se predica la unificación del saber, son recomendaciones que son buenas para la ciencia, para la razón, y también buenas para la democracia.

H.K.: *Algunos aspectos del Informe del Colegio de Francia, que pueden ser juzgados progresistas en Francia, no son de hecho vistos así por los intelectuales de la izquierda japonesa, por ejemplo, sobre el importante punto de la apertura hacia las empresas, hacia la búsqueda de un vínculo entre la empresa y la Universidad.*

P.B.: Yo pienso que, entre la gente de izquierda, hay rechazos reflejos que se esconden tras rechazos de reflexión: yo creo que hay muchas cosas que se deben poner en tela de juicio. Por ejemplo, y éste ha sido un punto muy delicado, el pluralismo, la competencia, la rivalidad entre los establecimientos escolares, las universidades especialmente. Algunos colegas han propuesto la idea de universidades concurrentes. Yo, junto con otros, recordé que había que tener mucho cuidado (es muy peligroso), que había que evitar poner a la universidad bajo la dependencia de las empresas, etc. pero con la reflexión me ha parecido que de hecho la universidad ya está, en más de un caso, bajo esa dependencia. En este caso, mejor decirlo, saberlo y sacar las consecuencias. Es lo mismo con la competencia: ya existe y es terriblemente desigual. Es mejor tomarla en cuenta, hacerla pública, con la intención de poner en marcha mecanismos para impedir las consecuencias funestas.

Hay que echar a andar mecanismos de protección. Conocemos las leyes: cuando hay competencia libre, los beneficios, el capital, las ventajas, se van a concentrar en tres o cuatro universidades (esto es ya lo que sucede: hay un grado de concentración monopolística increíble, y todo el mundo puede fingir ignorarlo: nosotros somos todos investigadores, nosotros somos todos iguales). Si, por el contrario, se pone la situación en claro, se descubre también que es necesario echar a andar mecanismos compensatorios. Terminar en todo caso con la hipocresía de la equivalencia formal de todos los establecimientos, de todos los puestos: en nombre de la cual, con la bendición de los sindicatos, se envía a los más jóvenes y a los más desprovistos, es decir, a las mujeres jóvenes, a enseñar en las colonias de la periferia donde, de hecho, van a ser violadas, mientras que los viejos sindicalistas de bigote van a los lugares privilegiados. Si se dice abiertamente que existen las desigualdades se está obligado a tomarlo en cuenta y a echar a andar los mecanismos compensatorios, se ve entonces que el papel del Estado es el de regular la competencia, de dar los medios para la enseñanza masiva, las subvenciones, la enseñanza por televisión, siendo una de las medidas importantes la utilización de los medios centrales (como la televisión) para compensar los efectos de las desigualdades regionales. Nada de eso ha sido hecho, pero está sobre el papel, y puede ser que un día ese papel tome fuerza...

T.H.: *Usted piensa también que la alternativa del liberalismo y del estatismo debe ser rebasada...*

P.B.: Uno piensa como si se tratara de una opción a hacer de una vez por todas. En la medida en que estamos en un sistema que muere de estatismo, de centralismo, de burocracia, una buena inyección de liberalismo es indispensable para romper esas estructuras. Las opciones que se presentan como opciones eternas deben ser opciones temporales. La enseñanza pública está de tal modo esclerotizada por treinta y seis razones, que una de las pocas maneras de desbloquearla, al menos provisionalmente, es restaurando un poco la competencia, pero haciéndolo con la idea de que es necesario corregir los efectos de esta competencia con acciones compensatorias. Ésa es la intención de todo el informe. Por eso yo vuelvo a lo que ya dije: este informe tiene un mérito inestimable, no le pide al sistema escolar cosas que no puede hacer. Las gentes, entre los profesores que gritan "democratización", "democratización", cuando piensan en la democratización, ¿en qué piensan? Ellos esperan que los adjuntos lleguen a ser iguales a los profesores. Exactamente como durante la Revolución Francesa, muchos de los que decían "igualdad", "igualdad", pensaban igualdad entre los burgueses y los nobles.

H.K.: *Yo creo que hay que precisar un poco el modelo de democratización. Creo que cuando decimos en japonés:* minshuka *nos referimos sobre todo a la democratización del funcionamiento del sistema... mientras que en Francia es más que nada igualdad de oportunidades, ¿no? Mezclamos todo. Es como se dice en francés,* le tour de passe-passe *[juego de manos], que consiste por ejemplo, en confundir... El sistema escolar es objeto de todas las confusiones, se mezcla todo, la gente mezcla todo.*

T.H.: *La noción de igualdad se presta a confusión.*

H.K.: *Cuando se dice democratización de la enseñanza superior se piensa sobre todo en dar oportunidades en la enseñanza superior a los hijos de los obreros.*

P.B.: Nadamos en plena confusión. Se puede pensar en "democratizar" la relación pedagógica. Pero yo tengo una serie de índices que me hacen pensar que mientras más autoritaria es la relación pedagógica, más favorable es para los hijos de las clases dominadas, mientras que una relación democrática, igualitaria, es favorable a los privilegiados, porque ellos saben cómo dominar una situación de *laissez-faire*. En ese caso, se confunde la democratización, en tanto que igualdad de oportunidades de ingreso, con la democracia en la relación pedagógica. Pero bajo la palabra "democratización" se puede también introducir la igualdad entre el profesor y sus adjuntos en el interior del cuerpo de profesores. Lo que ponemos por delante es el acceso más igualitario a la enseñanza de todas las categorías, muchachas y muchachos, ricos y pobres..., pero tenemos en la cabeza otras ideas de democratización. Dicho de otro modo, es una consigna sincrética, confusionista, que permite a los profesores, en particular en los sindicatos de izquierda, darse una buena conciencia. Dicho de otro modo, es una consigna que, aun si es sincera, pide al sistema escolar cosas que no puede hacer.

T.H.: *En los últimos principios que usted publicó, otra proposición verdaderamente democrática concierne a la divulgación sistemática de las técnicas del trabajo intelectual.*

P.B.: Se sabe que uno de los grandes factores de la diferencia es la maestría desigual, porque transmite desigualmente (implícita o explícitamente) en la familia, las técnicas del trabajo intelectual y el arte de organizar el aprendizaje. Las familias cultivadas (y, aquí, particularmente, pero también en Francia, las madres de familia) desempeñan un papel determinante: ellas organizan el trabajo, enseñan a los hijos el arte de organizar su trabajo, de organizar su tiempo, les dan los utensilios, los instrumentos, las técnicas de trabajo. Es el segundo principio: hay que velar por que la enseñanza no deje lagunas inadmisibles, porque perjudican el éxito del conjunto de la empresa educativa.

Esto es contra la tendencia a suponer conocidas cosas absolutamente fundamentales. Lo dije ya en *Los herederos*: hay cosas respecto de las cuales todo el mundo hace como si todos las poseyeran, mientras que solamente algunos las dominan; por ejemplo, el hecho de saber tomar notas, el hecho de saber hacer una ficha, utilizar un diccionario, el uso de las abreviaturas, la retórica de la comunicación, la organización de un fichero, la creación de un índice, la utilización de un fichero descriptivo de un banco de datos, de una biblioteca, el uso de instrumentos informáticos, la lectura de cuadros estadísticos y de gráficos. La tecnología del trabajo intelectual no solamente no se nos enseña sino que es menospreciada.

T.H.: *El* Informe del Colegio de Francia *excluye conscientemente la palabra democratización, pero, como se acaba de decir, en la práctica se realiza esa democratización.*

P.B.: Digamos que hay un esfuerzo por movilizar de una manera realista todos los medios disponibles en los límites de la institución escolar para favorecer la democratización.

H.K.: *Tengo una pregunta para el señor Horio. Yo no soy especialista en educación, pero frecuentemente tengo la impresión de que para mis colegas, que son especialistas en ciencias de la educación, o también para los sindicalistas que quisieran una reforma democrática de la enseñanza en Japón, el programa es sobre todo hacia la unificación, la misma cosa para todo el mundo, la misma enseñanza, el mismo sistema para todo el mundo, es decir la igualdad de oportunidades. Como ciudadano tengo a menudo esta impresión y cuando leí el* Informe del Colegio de Francia *tuve el sentimiento de que éste recomendaba sobre todo la multiplicación de las ciencias, etc. Yo creía más bien estar leyendo el informe dado por* Chuo Kyoiku Shingi Kai (*Comisión de la Educación de obediencia gubernamental, que es muy conservadora*), *es decir, multiplicación de oportunidades, de líneas vocacionales, que es a menudo el discurso sostenido por la derecha en Japón.*

J.F.S.: *Ése es el problema que me fastidia cuando el señor Horio me da textos como ése, porque yo me digo que es un discurso que se podrá sostener en Francia, y el problema de Japón es que siempre hay una diferencia entre lo que se dice y el contenido, como si hubiera alguna cosa inscripta en una lata con un contenido diferente del que está anunciado.*

P.B.: Yo también pienso que es un problema importante. Hay que preguntarse por qué la educación no es el objeto de una verdadera reflexión, por qué la izquierda no tiene una teoría de la educación. Los sindicatos en Francia están dominados por obreros y empleados y tienen todos una rama educativa; delegan en su fracción docente la reflexión sobre los problemas de la educación. Dicho de otro modo, ellos se desembarazan del problema y la fracción docente puede desarrollar a placer su corporativismo. Se grita: "¡Locales, maestros!". Ésta es la reivindicación de base: los salones de clase y los profesores. Aumentar el número de los profesores, eso quiere decir aumentar nuestro cuerpo, multiplicarnos y darnos condiciones de trabajo; habrá que agregar: y buenos salarios.

H.K.: *¿No volvemos a poner en duda el contenido de la enseñanza?*

P.B.: No. Cosa extraordinaria, los socialistas, si son consecuentes, deben tener una idea del hombre que quieren hacer, por el que ellos combaten, y que la educación, entre otras cosas, debe producir. Como no tienen ninguna idea de la humanidad ideal que quieren producir, no tienen una idea de la educación.

Es la razón por la cual, antes del *Informe del Colegio de Francia*, nadie había hablado de los contenidos, nadie se había preguntado si el hombre realizado del mañana debería tener una cultura politécnica, como decía Marx, o una simple cultura técnica; si él podría vivir sin saber un poco de matemática, o sin saber hablar dos lenguas, etcétera.

Tomemos por ejemplo el problema de las lenguas regionales. El hecho de enseñarlas se justifica a la vez técnica y políticamente. Tenemos bereberes, árabes, portugueses, italianos; ustedes tienen a los coreanos, a los chinos. El *Informe del Colegio de Francia* recuerda que es capital que la gente que tiene otra lengua de origen sea formada en esta lengua al mismo tiempo que aprende las lenguas oficiales.

Volviendo a los sindicatos, las clases populares no tienen una posición sobre la educación (aunque hoy en día el inicio de una toma de conciencia se empieza a delinear). Ellas no tienen una filosofía de la educación, y hace apenas quince años, cuando se preguntaba a los miembros de las clases populares cuáles eran los factores de éxito, hablaban del don mucho más frecuentemente que los burgueses. No hay conciencia del papel de la cultura en la dominación, menos todavía, hasta una época muy reciente, entre los sindicalistas, que son ellos mismos, muy a menudo, pequeños portadores de capital cultural, autodidactas hipercorrectos (exagero un poco); nada de conciencia entre los profesores que defienden su empleo.

La enajenación cultural excluye la conciencia de la enajenación. Porque la dominación fundada en el capital cultural es mucho más estable, mucho más fuerte que una dominación fundada solamente en el capital económico.

Hay otro tema que quisiera comentar: se trata de poner un poco de unidad en los saberes transmitidos para que la gente tenga una cabeza más o menos coherente; se puede buscar la unidad del lado de la lógica, tratar de formalizar (esa sería la tendencia francesa). Nosotros hemos propuesto buscar la unidad sobre todo del lado de la historia, hacer de la historia la ciencia matricial: historia de las ciencias, historia de las ideas, historia de la literatura, historia de la filosofía, historia del arte, deben ser reunidas, y esperamos que el profesor de historia tenga la formación necesaria para que pueda ofrecer a sus estudiantes esta unidad genética que arranque al saber transmitido de la pura contingencia.

J.F.S.: *¿Pero quién podrá dar tal enseñanza?*

P.B.: La historia redefinida llegará a ser central...

J.F.S.: *Ése será sobre todo el papel del profesor de filosofía.*

P.B.: De hecho, será necesario prever enseñanzas comunes a muchos... Otra proposición: las ciencias sociales deberían ser un elemento obligatorio de toda enseñanza destinada a los futuros profesores, y todos los profesores deberían tener una cultura de historia de las ciencias y de ciencias sociales de la educación (ésta era ya una idea de Durkheim, que trabajó con las escuelas normales de maestros). Para combatir lo que yo llamo efecto de destino, y la tendencia de los profesores a creer que ellos juzgan a personas cuando en verdad juzgan a individuos sociales, habría que darles la conciencia de los mecanismos más elementales de la transmisión cultural. Esto sería importante para sensibilizar a los profesores y al menos poner en duda sus creencias.

H.T.: *Estos dos últimos puntos los considero muy importantes, es decir, la unidad del saber. La escuela está dividida entre las diferentes disciplinas. Los profesores, los maestros, son gente que enseña disciplinas. Pero el saber es uno y los profesores deben recibir una enseñanza sobre la unidad de la ciencia.*

T.H. y H.K.: *Usted ha puesto en tela de juicio y ha dicho que era necesario para ellos ponerse en el terreno de la duda, tener conciencia de la unificación de la ciencia...*

Entonces es justamente después de esta puesta en cuestión de ellos mismos cuando se puede comenzar a...

P.B.: Está dicho en alguna parte, en el *Informe del Colegio de Francia*: la única proposición universal es la idea de que las culturas son arbitrarias.

Nosotros decimos que, en tanto que científicos, enseñamos el universalismo, y en tanto que científicos del hombre, enseñamos el relativismo. ¿Cómo fundar a pesar de todo la unidad? Bien, ahí está la historia. Se comprende mejor un problema cuando se lo ve en proceso de nacimiento; de ahí que la enseñanza de la historia tenga funciones técnicas; y más aún, tenga funciones políticas, porque evita creer que la razón es eterna y todopoderosa. La razón cambia con la historia... Ustedes verán que es un texto bastante sofisticado científica y políticamente. Pero difícil de aplicar.

Al término de esta conversación, en la que he hablado demasiado de mí y de Francia, pero también, creo, o al menos espero, de Japón, quisiera decir solamente que confío mucho en la acción de los intelectuales japoneses. Me parece, en efecto, que en este momento en que Japón afirma su poder económico, y en el que, a veces, entre algunos intelectuales, se expresa la tentación de una hegemonía cultural basada en la afirmación de la "particularidad" japonesa, los intelectuales progresistas tienen la responsabilidad de "enganchar", si se puede decir así, la sociedad japonesa al universo y a lo universal. La discusión con el Occidente universalista y racionalista debe ser intensificada, y la educación, que en sus contradicciones, pero también en las posibilidades de acción que encierra, lleva en sí el futuro, debe ser uno de los centros de esta confrontación. Deseo mucho que podamos organizar la circulación de los hombres y de las ideas favoreciendo especialmente el otorgamiento de becas a jóvenes estudiantes y a jóvenes investigadores, animando la traducción de obras importantes, multiplicando las ocasiones de encuentro, emprendiendo investigaciones comunes o paralelas (en el cuadro, por ejemplo, de un centro de historia y sociología comparadas de los sistemas culturales y educativos). Pienso que si tenemos la voluntad de esta acción, y si sabemos movilizar las energías y los entusiasmos que ya existen, no tendremos dificultad en obtener los medios materiales e institucionales para llevar adelante esta empresa.

TERCERA PARTE
El hombre en el oficio

11. Pasaporte a Duke*

Esto es poesía filosófica.
—¿Qué es poesía filosófica?
—¿Qué es el señor Edgar Quinet?
—¿Un filósofo? —¡Uh! ¡Uh!
—¿Un poeta? —¡Oh! ¡Oh!
CHARLES BAUDELAIRE

Hubiera querido estar ahí, entre ustedes, con ustedes, durante este coloquio. Primero, para agradecer a los que lo han organizado y a los que han respondido a su llamado, por el interés que han puesto en mi trabajo; y también para presentarme en persona y dar, así, una idea de lo que soy y de lo que hago más viva y menos abstracta que la que puede procurar la sola lectura de los textos. Me gusta recordar, retomando una intuición que Marx enuncia de pasada en el *Manifiesto*, que los textos circulan sin su contexto. Así vemos que los textos que, como los míos, han sido producidos en una situación determinada dentro de un cierto estado del campo intelectual o universitario francés, tienen poca oportunidad de ser recibidos sin distorsión ni deformación en el campo norteamericano (por ejemplo, aquí y ahora, en esa universidad que ocupa una posición determinada en el espacio de las universidades de Estados Unidos), tanto es el

* Texto de la intervención de P. B. en el coloquio "Pierre Bourdieu: Fieldwork in art, literature, and culture", efectuado en la Duke University, Durham, del 21 al 23 de abril de 1995.

desfase, a pesar de la interpenetración aparente, entre los dos campos.

Ahora bien, este desfase es muy a menudo ignorado: por ejemplo, los autores franceses que han sido "integrados", más o menos completamente, y, en todo caso, de maneras muy diferentes, en el campo estadounidense o en tal o cual sector de este campo (en estudios literarios más frecuentemente que en filosofía, su disciplina de pertenencia en Francia), como Foucault, Derrida o Lyotard, estaban insertos en toda una red de relaciones. Así pues, esas relaciones *objetivas* (irreductibles a las interacciones interpersonales) que los unían no solamente entre ellos sino también a todo un conjunto de instituciones (por ejemplo en disciplinas cuya estructura o jerarquía no es igual en Francia que en Estados Unidos) y a todo un universo de agentes, la mayor parte desconocidos en Estados Unidos (filósofos, especialistas en ciencias sociales, escritores, artistas, periodistas, etc.), contribuyeron a definir el proyecto creador del que su obra es producto.

Convertidos en astros aislados por el traslado inter-nacional que los arranca de las constelaciones en las que estaban insertos, los autores franceses (lo que será también mi caso muy pronto, si aprovecho los efectos de esta *french flu*, como llamaba mi amigo E. P. Thompson a la "tosferina francesa") terminan por estar disponibles (dentro de ciertos límites) a todas las interpretaciones, y se les puede aplicar con toda libertad categorías (como la oposición moderno/posmoderno, muy poco presente en Francia) y problemáticas propias del campo norteamericano.

Es aquí donde la presencia en persona podría desempeñar un papel irreemplazable. Las preguntas, inevitables e inevitablemente ambiguas, sobre las relaciones que el autor invitado puede establecer con otros autores ausentes ("¿Qué piensa usted de Derrida?" o, de modo más preciso, "Leí, en alguna parte, que usted llevó a cabo muchas actividades públicas recientemente con Derrida, ¿qué quiere decir eso?" o más precisamente todavía, y en un tono de reproche —pero aquí, estaríamos ya, probablemente, en el campo francés—, "¿Cómo es que se ha asociado usted a Derrida para llevar a cabo tal o cual acción?"), estas preguntas, pues, y otras que seguramente tienen ustedes en mente, pueden suscitar tomas de posición explícitas o implícitas (como sería muy a menudo, sin ninguna duda, si estuviera ahí delante de ustedes: una sonrisa divertida y un poco irónica, a propósito de Lyotard, o un silencio, muy expresivo, a propósito de Baudrillard). Estas tomas de posición permiten al menos ver cómo el autor invitado se sitúa, conscientemente y de manera más o menos explícita, en relación con otros autores.

Todo esto está muy bien, pero ¿es suficiente para sobreponerse al desfase estructural del que hablaba al comenzar? No lo creo. Habiendo apartado, por una serie de retoques negativos, todas las confusiones que resultan del efecto de *allodoxia* que produce la distancia (no solamente geográfica) entre los campos nacionales y las tradiciones históricas que en ellos se engendran y reproducen, debería (o habría debido), para lograr una mejor comunicación con ustedes, hacer dos cosas en *apariencia* contradictorias: por una parte, poner en evidencia la coherencia y la compatibilidad con los hechos y, por tanto, con la cientificidad, de la teoría, o del *sistema* de conceptos *relacionales*, que propongo, y que puede estar comprometido en la construcción, inseparablemente teórica y empírica, de objetos fenoménicamente distintos entre sí, confiados de ordinario a disciplinas muy diferentes (historia de la literatura, historia de las ciencias, historia de la filosofía, historia del arte, etc.; no voy a mencionar todas las disciplinas, tan diversas y numerosas, que, para mi mayor satisfacción, están representadas ahí, en ese coloquio); y por otra parte, evocar el campo y el espacio de los posibles teóricos con respecto al cual (es decir, a la vez con y en contra del cual) este sistema se ha construido y al que puede deber sus límites, sin saberlo yo y a pesar de todos mis esfuerzos por escapar a las particularidades y los particularismos nacionales gracias a mi toma de posición sistemática (y muy antigua) por el internacionalismo científico.

Sobre el segundo punto, la evocación de la estructura del campo universitario y de la relación entre este campo y los campos literario, artístico y político en Francia (donde esta relación es muy diferente, según creo, de la que existe en este país), los remitiré a mi libro *Homo academicus* y más particularmente al prefacio a la edición norteamericana: apoyándome en el diagrama-plan del análisis de correspondencias en el que encontrarán todos los nombres propios que ya conocen, por tanto también el mío, yo trato de desprender las características de la posición ocupada, en los años setenta, por los autores más conocidos entre ustedes, Foucault, Derrida y otros (yo mismo), y mostrar cómo esta posición, con variantes según la trayectoria que ha llevado a cada uno hacia ella, está en el principio de las posiciones críticas, antiinstitucionales, que cada uno ha tomado en su obra. Para ir más lejos en la comprensión de los puntos comunes y de las diferencias, ustedes podrían leer un texto titulado "Aspirant philosophe" ("Aspirant philosophe. Un point de vue sur le champ universitaire dans les années 50", *Les enjeux philosophiques des années* 50, París, Éditions du Centre Pompidou, 1989, pp. 15-24) en el que trato de poner de relieve, por una especie de autoanálisis retrospectivo, las disposiciones (y más precisamente, las ambiciones y las pretensiones intelectuales) asociadas al hecho de ser estudiante de filosofía en una escuela de elite, la Escuela Normal Superior, en los años cincuenta; encontrarán allí también instrumentos para comprender uno de los factores más importantes de lo que, con mi origen social, me separa más claramente de los más famosos de mis contemporáneos: la elección que hice de salir de la casta superior de los filósofos para orientarme primero hacia la etnología (con mis trabajos empíricos sobre Kabilia); después, renuncia todavía más grave, hacia la sociología, y hacia la sociología del trabajo (cf. *Trabajo y trabajadores de Algeria*), y hacia la educación *(Los herederos, La reproducción),* dominios particularmente menospreciados de una disciplina paria. Esto precisamente en una época, los años sesenta, en la que, quienes descubrirán más tarde, sin duda en parte gracias a la sociología de la educación y de la ciencia, los envites de poder de la vida universitaria y científica, como Foucault, se bañaban en la atmósfera llamada estructuralista.

Sería poco decir que yo no participaba de los entusiasmos semiológico-literarios encarnados, a mis ojos, por Roland Barthes y, en las fronteras del campo científico y el campo literario, por los sectarios de *Tel Quel*. Mezclando a Mao y a Sade (prácticamente todos los intelectuales franceses, incluso Simone de Beauvoir, escribieron en esos años su propia disertación sobre el autor de *Justine*), Sollers, Kristeva y su pequeño grupo de escritores menores con pretensiones mayores intentaban instituir, en el seno del campo intelectual, el culto esteta de las transgresiones eróticas o políticas sin consecuencia (se puede leer sobre este punto mi trabajo "Sollers tel quel", *Liber*, núm. 21-22, marzo de 1995, p. 40). Yo era apenas más indulgente frente a aquellos que, acumulando el prestigio de la filosofía, sobre todo nietzscheana, como Deleuze y Foucault, o heideggeriana, como Derrida, y de la literatura, con las referencias obligadas a Artaud, Bataille o Blanchot, contribuían a confundir las fronteras entre la ciencia (especialmente en Foucault) y la literatura, cuando no llegaban hasta a revitalizar los más tristes tópicos que la arrogancia de los filósofos ha producido contra las ciencias del hombre, lo cual los llevaba, muy a menudo, al borde del nihilismo (quiero remitirlos sobre este punto a dos libros de uno de mis pocos compañeros de resistencia: Jacques Bouveresse, *Le philosophe chez les autophages*, París, y *Rationalité et cynisme*, París, 1984).

Por eso me sorprende mucho verme ubicado, en favor de la *allodoxia* correlativa del desfase, en el campo de los "posmodernos", a quienes regularmente he combatido en el plano intelectual, aun cuando pudiera tener con ellos puntos de vista concordantes en política, que se explican sin duda en parte, como dije hace rato, por el hecho de que tenemos en común disposiciones subversivas, o antiinstitucionales, vinculadas a una posición semejante en el espacio académico. (La amalgama había sido ya elaborada, en Francia misma, y con fines polémicos, por Luc

Ferry y Alain Renaut, en un panfleto de un sociologismo primario titulado *La Pensée 68,* e inmediatamente orquestado por todo el pensamiento conservador.)

Esto me conduce al otro punto de mi análisis, es decir, a la evocación del espacio de los posibles en relación con el cual se ha constituido mi proyecto propiamente científico (fundado en una ruptura social más o menos total con los juegos mundanos de la filosofía literaria y de la literatura filosófica). Está claro que si reaccioné violentamente contra los autores más directamente comprometidos en la moda semiológico-literaria, y si me excluí así, muy conscientemente, de la circulación acelerada de la que ellos se beneficiaron, a la sombra del prestigio todavía ligado a las vanguardias literarias parisienses, a través sobre todo de los departamentos de literatura francesa de algunas universidades norteamericanas prestigiosas, también me enfrenté muy activamente, en mi práctica de investigación (y no en el discurso, como los filósofos, excepto Foucault), al estructuralismo tal como lo encarnaba el Lévi-Strauss de *Las estructuras elementales del parentesco,* de *El pensamiento salvaje* o de *Mitológicas.* He evocado lo que era, en los años sesenta, el contexto científico de mi trabajo de investigación en la introducción de mi libro *El sentido práctico,* y traté de mostrar en los dos primeros capítulos de este mismo libro cómo tuve que trabajar para superar la oposición, siempre viva en todas las ciencias sociales (para la historia, se puede leer mi entrevista con el historiador alemán Lutz Raphael, en *Actes de la recherche en sciences sociales,* núm. 106/107, marzo de 1995, pp. 108-122), entre el objetivismo y el subjetivismo; el primero encarnado de manera ejemplar por Lévi-Strauss, y el segundo, llevado hasta sus límites más extremos por Sartre. Superación que se encuentra expresada, en una forma estenográfica, en el concepto de *habitus.*

Pero para comprender los otros instrumentos que utilizo en el análisis de las obras culturales, derecho, ciencia, arte (con mi trabajo en preparación —desde hace mucho tiempo— sobre

Manet), literatura (con mi análisis de Flaubert o, más recientemente, de Baudelaire), filosofía (con el estudio del campo filosófico alemán en la época de Heidegger), habría que volver a diseñar todo el espacio de las contribuciones teóricas al análisis de los fenómenos simbólicos que he ido acumulando e integrando poco a poco, para resolver los problemas que me planteaba, muy concretamente, el análisis del ritual kabila o de las prácticas religiosas, o también de la producción literaria y artística de las sociedades diferenciadas (presenté por primera vez en 1972, en la Universidad de Chicago, una especie de cuadro sinóptico cómodo de estas teorías, frente a un auditorio de sociólogos un poco positivistas, totalmente estupefactos: cf. "On symbolic power", en *Language and symbolic power*, J. B. Thompson (comp.), Cambrige, 1991).

Pero el concepto de campo literario como espacio de posiciones a las cuales corresponde un espacio homólogo de tomas de posición (que funciona como espacio de los posibles) se ha constituido él mismo en relación con el espacio de los diferentes acercamientos posibles a la obra literaria que se oponen entre sí y a los cuales él se opone, aun si los anexa y los integra, si bien no de manera ecléctica (se encontrará una evocación de este espacio de acercamientos de la obra literaria o artística en "Principles for a sociology of cultural works", en R. Johnson (comp.), *The field of cultural productions. Essays on art and literatures*, Cambrige, 1993, y también en *Les règles de l'art*, París, pp. 271-292). Si tuviera tiempo les mostraría cómo se puede criticar el estructuralismo simbólico tal como lo conciben Foucault y los formalistas rusos (cf. *op. cit.*, p. 278) y conservar los aportes (con las ideas de espacio de posibilidades estratégicas o de intertextualidad) en un acercamiento que, rebasando la oposición entre el análisis interno (el texto) y el análisis externo (el contexto), pone en relación el campo literario (o filosófico o jurídico, etc.), en el que los productores están insertos, en posiciones dominantes o dominadas, centrales o marginales, etc., y el campo de las obras, definidas por su forma, su estilo, su manera. De lo que resulta que, en lugar de ser un acercamiento entre otros, el análisis en términos de *campo* permite integrar de modo metódico los aportes de todos los acercamientos actualmente disponibles, que sólo la división en campos dentro del campo de la crítica (o del análisis) hace aparecer como inconciliables.

Sería necesario, en fin, que yo pudiera mostrarles cómo un análisis armado del conocimiento de las propiedades generales de los campos que da la teoría de los campos puede descubrir en cada uno de ellos, el campo literario, por ejemplo, las propiedades que la visión ingenua dejaría escapar; cómo ella puede aclarar, a través de la comparación metódica que autoriza la noción de campo, las propiedades que caracterizan propiamente el funcionamiento de los diferentes campos, impidiendo especialmente identificar el universo científico con el universo literario, como podría hacer cierta visión "posmoderna" de la literatura y de la ciencia (por ejemplo, el programa fuerte en sociología de la ciencia, o ciertos cuestionamientos nihilistas —en nombre del "linguistic turn"— de las ciencias sociales).

Como traté de demostrar en el caso más desfavorable en apariencia, el de las ciencias sociales y más particularmente de la sociología (cf. "La cause de la science", *Actes de la recherche en sciences sociales,* n° 106-107, marzo de 1995, pp. 3-10), si la ciencia, aun la más pura, puede tener en común con el campo político muchos rasgos de estructura y de funcionamiento, hace falta todavía que tenga su *nomos* propio, su autonomía, que la arranque más o menos de la intrusión de presiones externas. Esto es lo que hace que las verdades que se producen en ese campo relativamente autónomo puedan ser de un lado a otro históricas, como el campo mismo, sin ser ni deducibles de las condiciones históricas ni reductibles a las condiciones externas y a los condicionamientos que ellas imponen, porque el campo les opone la pantalla o el filtro de su historia propia, autónoma y garante de autonomía, es decir, la historia de las "lenguas" (en el sentido más extenso del término) propios de cada campo o subcampo.

He aquí algunas de las cosas que habría querido decirles si hubiera podido estar con ustedes en Duke University, hoy. Habría querido también decirles cuánto agradezco su interés por mi trabajo, y de la manera que más me complace, es decir, como una especie de máquina intelectual muy perfeccionada que no tardamos en desmontar y en volver a armar, al modo de los hermeneutas, pero que hacemos funcionar, para preguntarle sin cesar sus nuevos productos y también para aportarle, si es necesario, nuevos perfeccionamientos.

12. Apología de una mujer formal*

> Cada vez que ponemos a una hija de Eva en la cima,
> ella se siente mal y dice tonterías.
> ROBERT POULET

Con este análisis de la vida y la obra de quien es su figura emblemática, Toril Moi nos introduce en una sociología psicoanalítica de toda una generación de mujeres intelectuales que, como ella observa, "no pensaban que su estatuto de mujer podía tener implicaciones sociales": "Yo no me pensaba como una mujer: yo era yo", escribió Simone de Beauvoir en *La fuerza de la edad*. Para dar cuenta de esas existencias que, aun en apariencia plenas, han estado atravesadas por profundos sufrimientos (basta oponer el destino de Sartre al de una Simone Weil), Toril Moi se sitúa en el punto central, que es también un punto ciego, el de la relación con el sistema de enseñanza, *infraestructura específica* de todas las trayectorias intelectuales, casi siempre ausente de las biografías. Y, desde ese punto de vista, la escena originaria es, sin ninguna duda, la discusión que Simone de Beauvoir tuvo, una mañana del verano de 1929, cerca de la fuente Médicis, con Jean-Paul Sartre: encuentro fatal, en el verdadero sentido, porque determinará toda la orientación de su vida. La relación de fuerza, en verdad, era demasiado desigual: un hombre/una mujer, un normalista/una no normalista, un

---

* Prólogo al libro *Simone de Beauvoir. Conflits d'une intellectuelle*, de Toril Moi, París, Diderot Éditeur, 1995, pp. VI-X.

antiguo alumno de los *khagnes** parisienses más prestigiosos/una antigua alumna de diversas instituciones religiosas para jóvenes mujeres de la burguesía católica, y *last but, not least,* el primero en el tribunal de oposición a la cátedra de la segunda... Ella dirá más tarde, aceptando esta superioridad socialmente instituida como un don natural, que jamás se había sentido dominada intelectualmente por nadie, antes de conocerlo. Y, de hecho, como se dice en las escuelas sin pensar mucho, "él era más fuerte". Extraña manera de fundar el amor de toda una vida, dirán los que, como Sartre y "el Castor", no saben o no quieren saber que el amor es muy frecuentemente *amor fati,* amor del destino social, que, en ciertas circunstancias, toma la forma de un veredicto escolar enunciado por un jurado de oposición a cátedra: "tú serás segunda después de Sartre". Segunda, pero después de Sartre, y de Sartre solamente —es decir, a pesar de todo, antes de Merleau-Ponty, Aron, Nizan y tantos otros—. Aquellos a quienes les cuesta mucho admitir que la Escuela —"la Gran Escuela" especialmente— ejerce un efecto de consagración, es decir de *unión* y de *separación,* que toma la forma de una distribución según el rango, de una clasificación, deberán también reconocer que es la Escuela la que ha hecho a esta "joven mujer formal" y la unión (libre) de la pareja intelectual constituida en modelo de toda una generación.

Segunda, entonces, después de aquel que debe su fuerza (de seducción) al hecho de que ha sido clasificado el primero "en la oposición a cátedra de filosofía, la primera entre las oposiciones", entre todos los que la Escuela ha consagrado clasificándolos en las primeras filas del concurso por excelencia, los *normalistas,* de ahí en adelante "fuera de concurso" en todas las competencias de inteligencia de las que el campo intelectual es propiamente el lugar. Ella será dominada, pues, pero por aquel que domina toda una época de la vida intelectual, en Francia y en el

---

* *Khagnes*: colegios para los privilegiados hijos de familias de la gran burguesía.

extranjero, lo que le dará la ocasión de mantenerse entre los hombres, en los *parties,* en lugar de tener que retirarse a la conversación de las mujeres, y separase así por una barrera sagrada incluso de los hombres de rango inferior, a los que ella no puede amar sin devaluarse.

Nobleza obliga, y su estatuto de *miraculée** —ella es una de las primeras mujeres que obtuvo la titularidad de Filosofía, sin duda la primera en tan buen rango, y tan joven...— la predispone a entrar plenamente en la creencia, con toda inconsciencia. A ella le gusta ese destino, como le gusta también aquel que lo encarna y que es como la realización, en lo máximo, de lo que ella quiere ser: normalista, instituido por el rito del concurso en superhombre socialmente autorizado a menospreciar a las castas inferiores (interrogado sobre las causas de su arrogancia y su menosprecio con respecto a los estudiantes "ordinarios", él respondió: "porque los *sorbonnards*** no son exactamente hombres"), filósofo, y, seguro de serlo, listo para destruir, por el solo placer de brillar o de seducir, tal es también en cierta medida, el proyecto filosófico de Simone de Beauvoir...

Estos clasificados, los bien clasificados, tienen horror de los principios sociales de clasificación que amenazan su singularidad. Y si el principio escolar de su "vocación" literaria, de sus "elecciones" afectivas y de su relación misma con su estatuto de mujer que nos presenta Toril Moi, no tuvo sino pocas oportunidades de alcanzar a Simone de Beauvoir, es porque ella estaba aislada por toda la filosofía de Jean-Paul Sartre, en quien delegó en cierto modo su capacidad de filosofar; pero es también y sobre todo porque ella participó tanto del mundo puro y perfecto de los elegidos de la inteligencia como para sentirse expresada por una filosofía idealista de la libertad pura y entrar, aunque

---

* *Miraculée,* término usado por Bourdieu para remarcar el modo milagroso, en el sentido de consagrado, en que Simone y muchos otros, como ella entran a formar parte de la nobleza intelectual de las Grandes Escuelas francesas.
** *Sorbonnards,* estudiantes de La Sorbona.

fuera en segundo lugar, en el juego, frecuentemente doloroso, de la existencia "auténtica", fundada sobre la elección de "decir todo" y la ambición de "pensar todo". Y no hay sin duda ilustración más acabada de la violencia simbólica que es constitutiva de la relación tradicional (patriarcal) entre los sexos, que el hecho de que ella jamás aplicara a su relación con Sartre su análisis de las relaciones entre hombres y mujeres.

Como prueba de que dar razón es también hacer justicia y de que el trabajo de objetivación no es necesariamente reductor y destructor, Toril Moi, que devela y nos recuerda las determinaciones sociales negadas y rechazadas (nadie ha defendido con tanta fuerza como Sartre la ilusión del creador increado), nos da también todos los medios para rehabilitar a quien, como ella lo demuestra cabalmente, ha concentrado sobre sí misma, como la encarnación más cumplida del éxito intelectual de una mujer, todas las reacciones de rechazo y de resistencia que suscita la liberación intelectual de la mujer. No sólo porque Simone tomaba las cosas en serio y quería ser tomada en serio, y porque ella mostrara un gran "interés por los temas morales relativos a la vida real", y no sabía fingir la desenvoltura distinguida que afectan los intelectuales de alto vuelo, sino también y sobre todo porque siendo mujer, simplemente, no era y no podía ser, por definición, la creadora de sí misma, ese *self made man*, sin maestro ni precursor, que debe y quiere ser todo intelectual digno de ese nombre, sino solamente una *man made woman*, una mujer hecha por el hombre, por un hombre, como se dice siempre —porque el azar no existe— de toda mujer que tiene éxito, sobre todo en la vida intelectual. Y su obra, reducida a su autor, según la ley que dice que "los libros escritos por mujeres serán tratados como si fueran ellos mismos mujeres", es condenada a la vez por sus rasgos llamados "femeninos" (con la figura de la *"midinette"*, o las diversas alusiones al "infantilismo", al "narcisismo", etc.) y por sus rasgos supuestamente "masculinos", los de la "mujer no femenina", "poco seductora", o, según una fundadora histórica del feminismo, "fálica": "si ella habla de política en sus escritos

—dice Toril Moi—, se dice que es fría, insensible y falta de femineidad, reprochando a sus ideas políticas el ser simples desplazamientos de sus problemas afectivos. Si por el contrario ella habla de sus emociones, es enseguida acusada de egoísta o de no tener sentido artístico". Así, el análisis de la recepción de su obra ofrece material para una verdadera recopilación de tonterías. Y nos sorprendemos, tan fuertes son las estructuras incorporadas de la dominación masculina, al reconocer que hemos pensado en este o aquel estereotipo prepensado, que *Simone de Beauvoir*, a la manera de un test proyectivo, desencadenó, en un momento u otro, por sus acciones o por su obra.

Pero basta volver a la relación entre Sartre y Simone de Beauvoir, y comparar, con Toril Moi, la famosa escena del *flirt,* presentada en *El ser y la nada* como paradigma de la mala fe (femenina), con los diferentes relatos que hace Simone de Beauvoir de la escena de seducción, en la que ella toma la iniciativa para ver cuán estrecha es la libertad dejada a las mujeres llamadas libres o liberadas. Cuando se dice de una mujer que es libre es, sin titubeos, en el sentido social y sexual; cuando se dice eso de un hombre, es, como en Sartre, en el sentido "metafísico". Esto es lo que hace la disimetría del "pacto", sin duda definido por Sartre, de "decirlo todo", en la ilusión de la libertad pura: "Toda tentativa tendiente a presentar a las mujeres como sujetos libres tiene por efecto conferirles un toque de identidad masculina". Porque, al final de cuentas, la libertad, a la que Sartre acredita indiferentemente un Hombre indiferenciado, tiene grados que corresponden a los grados de poder, el pacto de libertad que Sartre dicta a Simone de Beauvoir es sin duda la fuente de sufrimientos que, como lo hace ver Toril Moi, se expresan a todo lo largo de una obra que da un lugar enorme al recuento de una vida en definitiva infinitamente más difícil de vivir de lo que parece.

Por eso mismo la obra de Simone de Beauvoir es mucho menos caduca de lo que podrían pensar muchas mujeres que, "como Simone de Beauvoir en su juventud, se imaginan hoy que son tratadas en el mismo nivel de igualdad que los hombres".

13. Respuesta a algunas objeciones*

El proyecto del Parlamento Internacional de Escritores ha suscitado entusiasmos y adhesiones. Pero también escepticismo y críticas. Sin retomar la exposición sistemática del proyecto, de sus intenciones y sus funciones tal como las vislumbré al principio (cf. *Litteratures*, revista del Parlamento Internacional de Escritores, octubre-noviembre de 1994, pp. 3-4), quiero presentar algunas respuestas rápidas a algunas de las objeciones que se han hecho.

LA ACCIÓN ESPECÍFICA DE LOS INTELECTUALES

Más o menos por todo el mundo, las palabras "intelectual", o "compromiso", suscitan hoy la condescendencia o la ironía. No puedo negar que el intelectual real justifique, con mucho, los sarcasmos de que se hace objeto. Por ejemplo, contra los intelectuales mediáticos de hoy, se puede evocar a Karl Kraus, que se divertía poniéndolos en ridículo, muy especialmente por su fariseísmo de defensores connotados de las buenas causas. Pero se puede ser muy lúcido y pensar, sin embargo, que los intelectuales podrían intervenir de manera eficaz y positiva en el curso del mundo. Esto, claro, con un cierto número de condiciones: pri-

---

* Texto escrito en 1995 a propósito del Parlamento Internacional de Escritores.

mero, dotarse de un mínimo de organización para constituir una red abierta, solidaria, capaz de asegurar a cada uno un mínimo de información y de estímulo, y dejándole, por supuesto, una libertad absoluta en sus intervenciones (como decía Édouard Glissant en una de las reuniones fundadoras: "el parlamento de los escritores estará presente dondequiera que alguno de nosotros tome la palabra presentándola bajo el nombre del Parlamento"); enseguida, intervenir con medios propios, los suyos, los de la escritura, del análisis, y sobre cuestiones específicas, es decir, esencialmente contra los abusos del poder simbólico que ponen en acción instrumentos específicos, como la propaganda, la censura, la opresión cultural.

Todo esto emana del principio de autonomía que se planteó al comenzar. No se trata de equivocarse de terreno y pasarse a la política. No se trata tampoco de encerrarse en la torre de marfil de la "creación" y evitar las responsabilidades del siglo. Se trata de luchar contra los abusos de poder, ya sea que provengan del despotismo político o religioso o del dominio del dinero y de los medios de comunicación, que pueden impedir, a los hombres o a las mujeres (que no son todos, necesariamente, escritores), decir en la forma que ellos elijan lo que tienen que decir eventualmente sobre el mundo.

LAS NUEVAS FORMAS DE ACCIÓN

Entiendo bien las críticas que se expresan aquí o allá, especialmente en Alemania, contra las "gesticulaciones mediáticas" de los "intelectuales". Yo, por mi parte, tengo enormes reticencias con respecto a las formas tradicionales de acción de los intelectuales, en la medida en que tienen como efecto principal (si no como única función) hacer ver lo que los realiza, hacerse visibles, ponerse en la *visibility* (lo que explica que la propensión a entregarse a ese género de manifestaciones rituales, peticiones de principio, *happenings*, etc., son inversamente proporcionales a la importancia de su obra). Estoy tan convencido del peligro que representan los medios de comunicación, como el espejo de Narciso, que había imaginado, hace más de diez años, un dispositivo que fue utilizado a propósito de Polonia: había escrito un texto, con Michel Foucault, que fue leído en la radio y en la televisión por un actor, en este caso Yves Montand. Al ser el actor un personaje cuyo oficio consiste en mostrarse, los beneficios narcisistas tienden a anularse mientras que los beneficios simbólicos para la acción son considerablemente multiplicados.

El Parlamento puede ser un laboratorio de investigación de nuevas formas de acción, a la vez singulares, originales, creativas y sostenidas colectivamente. Habría que analizar las nuevas formas de *militantismo* específico que se inventaron, por ejemplo en el cuadro del Comité Internacional de Sostén a los Intelectuales Argelinos (diré solamente que, además de una serie de acciones de asistencia muy concretas, el CISIA ha desarrollado una acción específica de información que ha encontrado su instrumento en un semanario, *Alternatives Algériennes,* donde serán presentadas informaciones, análisis, sobre todo lo que concierne, de cerca o de lejos, a los argelinos, de Argelia o de la Diáspora, y también de los países árabes, todo ello con la intención de una *Aufklärung,* de lucha contra *todos* los oscurantismos). Podría también citar *Liber,* pequeño periódico publicado en una docena de países, en la lengua de cada país, que se propone construir, al lado de la circulación mediático-comercial de los *best sellers* internacionales, de alto o bajo vuelo, otros circuitos de información, más rápidos, sobre las investigaciones de vanguardia, en arte, en literatura, en filosofía, en ciencias sociales.

Pero el Parlamento mismo, además de las acciones más "tradicionales" que puede desarrollar con una eficacia real, gracias a su prestigio y su reputación, se ha dotado de una institución que no tiene nada de todo lo que se puede reprochar a las empresas intelectuales, como la gratuidad, el irrealismo, etc.: estoy hablando de las "villas refugio", institución nueva que el Parlamento ha creado y animado, en vinculación con las villas comprometidas, siempre más numerosas, en la empresa, de las que podría ser el símbolo Ferney-Voltaire, nombre de una villa que une el nombre de un lugar y el de un escritor exiliado por sus escritos y sus acciones de escritor. Ahí está una primera manifestación de una voluntad *realista* de crear las condiciones concretas de redes de comunicación y de solidaridad internacionales entre los escritores. Cada una de las villas refugio deberá organizar, en torno a los escritores acogidos, como se hará desde este año en Estrasburgo y en Berlín, discusiones y actividades culturales y artísticas internacionales y servir así de base a los *intercambios permanentes* (mediante el envío de información sobre problemas especialmente locales) entre los escritores del mundo puestos de este modo en relación.

LAS NUEVAS SOLIDARIDADES

El peso de los hábitos de pensamiento y de las tradiciones, la lógica específica de los campos en los que están insertas, separan a los artistas, los escritores y los científicos, aun cuando tengan valores en común, como el rechazo a los intereses comerciales, y desafíos tales como la defensa de su autonomía contra la intrusión de los poderes político, económico o periodístico. En la primera reunión que organicé en 1985, en la Fundación Hugot del Colegio de Francia, artistas, escritores y científicos estuvieron de acuerdo en hacer de la defensa contra los abusos del poder periodístico una de las prioridades de toda acción común. El Parlamento, que se formó en su origen en torno a un grupo de escritores reunidos en Estrasburgo, debe evidentemente extenderse a escritores de primer rango venidos de todas partes del mundo, pero también a los artistas y a los científicos. Y debe incluso darse como tarea hacer entrar a los científicos en el debate público, del que son excluidos, de hecho, muy frecuentemente. Sería muy bueno que, sin conferirle a la ciencia un poder de veracidad, trabajara para hacer entrar en el espacio público a especialistas capaces de dar a los ciudadanos los elementos de información necesaria para desarrollar opiniones esclarecidas, sobre todo acerca de los problemas más candentes, muy a menudo dejados a la demagogia o al verbalismo irresponsable.

EL NUEVO INTERNACIONALISMO

La pretensión universalista esconde muy frecuentemente el imperialismo. El internacionalismo tal como fue practicado por la Unión Soviética era una forma de imperialismo. Y es necesario estar siempre en guardia contra todas las formas de eso que yo llamo el imperialismo de lo universal, ilustrado en una época por Francia, con el mito de la Revolución Francesa, de los derechos del hombre, etc., y hoy, por Estados Unidos, con el modelo de la democracia norteamericana, del liberalismo, y el mito del "fin de la historia". Pero las reacciones particularistas, que se expresan aquí o allá, pueden inspirarse en intenciones regresivas, y esconder nacionalismos también imperialistas.

Por eso hay que instaurar la discusión, sin hipocresía, entre los universalistas críticos, de su propio universalismo y los particularistas críticos de su particularismo. Si la hipocresía de los derechos del hombre, del universalismo onusiano, desacredita el universalismo ya que le sirve de máscara al imperialismo y a la opresión, la resistencia al universalismo puede ser también la máscara de una afirmación regresiva de la violencia oscurantista.

El Parlamento debe ser, entre otras cosas, el foro de estos debates: a través de los encuentros periodísticos que organiza, en diferentes países, a través de los intercambios permanentes que favorece, y que no dejarán de desarrollarse, gracias a los medios informáticos, ofrece lugares y ocasiones para confrontar problemas nacionales, y da a los escritores de diferentes países oportunidad de descubrir las particularidades o los particularismos ligados a su inserción en campos nacionales, por tanto a tradiciones intelectuales, lingüísticas, culturales, y los intereses comunes, las posturas y los valores compartidos, y así también los medios propios de afirmarlos y defenderlos.

14. La apuesta por la razón
Programa para una resistencia intelectual*

Shyncrona themata, revista griega de renombre, ofrecerá de hoy en adelante hospitalidad a *Liber, revista internacional de libros*, que aparece desde hace varios años en una decena de lenguas y de países europeos, gracias al esfuerzo empeñoso de individuos y de instituciones dedicadas a la causa del internacionalismo intelectual.

Si la empresa nos ha parecido y nos parece necesaria, es porque los productores y los productos culturales permanecen aún hoy encerrados, más de lo que se cree comúnmente, en el aislamiento nacional, y porque existen fronteras invisibles, inscriptas en las instituciones encargadas de la producción y de la circulación de los bienes culturales —universidades, revistas, editoriales, etc.— y también en los cerebros, bajo la forma de clasificaciones escolares, hábitos de pensamiento o de tradiciones retóricas y estilísticas. También porque, como se ve particularmente claro, en materia de cine, aunque también en teatro y literatura, los mecanismos y las instituciones que controlan la circulación internacional, arraigan en las fuerzas y los intereses económicos, de tal modo que lo que se celebra como un fenómeno al que se pretende ecuménico de "mundialización" no es, la mayor parte del tiempo, sino uno de los efectos menos percibidos del imperialismo.

Además, el derrumbe de las ilusiones milenaristas, en apariencia racionales o racionalistas, como las que han sostenido por

---

* Prefacio a la edición griega de *Liber, revista internacional de libros*.

largo tiempo los regímenes y los partidos llamados comunistas, ha dejado un inmenso vacío en el que se precipitan todas las formas de oscurantismo, nihilismos irracionalistas, integrismos clericales, restauraciones nacionalistas, oportunismos políticos. Es decir que las tareas que fueron atribuidas, en otros tiempos, a los defensores de la Ilustración se imponen hoy más que nunca a todos aquellos que no han renunciado a ejercer su función de intelectuales. Pero el proyecto de resistencia y de reconstrucción cultural que los artistas, los escritores y los científicos deben emprender en común, más allá de las fronteras entre las disciplinas y las naciones, debe fundarse en una crítica constructiva de todas las ilusiones que sus antecesores han contribuido a producir y a mantener, tanto sobre el mundo como sobre su misión y sus poderes. Semejante realismo, que no tiene nada de cinismo desencantado, es el único fundamento posible del utopismo racional que conviene a estos tiempos de desconcierto, pero también de libertad, en los que la historia ha hecho tabla rasa de los pasados míticos y los futuros ilusorios. Sin ser todas imputables a los fanatismos de la razón, como se dice a veces para justificar la dimisión irracionalista, las derrotas de la razón, que han escandido el siglo que termina, imponen más que nunca la apuesta por la razón, sin duda más arriesgada de lo que jamás ha sido.

15. En homenaje a Canguilhem*

Acabo de enterarme de la muerte de Georges Canguilhem. Quisiera evocar, porque creo que vale la pena tenerlo presente hoy, lo que había en este hombre y en su obra, que ha podido inspirar una admiración y un afecto tan grande a toda una generación de pensadores franceses. Extendiendo la obra de Gaston Bachelard, de la que hizo una presentación admirable, Georges Canguilhem realizó una contribución decisiva a la epistemología histórica, o mejor aún, a la historización de la epistemología, al análisis riguroso de la génesis de los conceptos científicos y a los obstáculos históricos de su emergencia, a través, sobre todo, de descripciones rigurosas de las patologías del pensamiento científico, de las falsas ciencias y de los usos políticos de la ciencia, especialmente de la biología. Por todo esto representa, sin duda, lo que hay de mejor en la tradición del racionalismo, si se puede decir, francés, en la medida en que arraiga en una tradición política, o mejor dicho, cívica, por la que merece ser universalmente conocido y reconocido.

Esto no quiere decir que Canguilhem haya representado lo que es más común y más frecuente en la universidad y la filosofía francesas. Todo lo contrario. Lo que lo ha hecho, para mí y también para muchos otros, yo creo, una especie de punto de referencia o de anclaje es su disonancia, para no decir su resisten-

* "Il ne faisait jamais le philosophe (à propos de Georges Canguilhem)", *Les Inrockuptibles,* 25, 27 de septiembre-3 de octubre de 1995, p. 12.

cia: si bien ha ocupado, en el centro del sistema universitario, posiciones en apariencia conformes, él no era como los otros. Cumplía sin falsas apariencias, sin complacencia ni énfasis, pero plenamente, su función de profesor y de profesor de filosofía (no se hacía jamás *el filósofo*), y también —si se permite con respecto a él una expresión muy enfática— su función de hombre. Todo esto, hay que reconocerlo, no es común.

No pertenecía plenamente a ese mundo que, por lo demás, le otorgaba todos los signos de reconocimiento y hacia el cual él reconocía todos sus deberes. Los que evocan su memoria hablan tanto de su voz áspera y su acento, que le daban el aire de estar siempre enojado, como la mirada sesgada asociada a una sonrisa irónica, con las que acompañaba sus juicios sin indulgencia sobre el mundo académico. Sin duda como efecto de un desfase cultural: él provenía de la tradición de una región y de un medio en el que, como testimonia la vibración de la voz o la rudeza de la mirada, el cuerpo está siempre comprometido, puesto en juego, en la palabra. Lo que lo predispone a no entrar en los juegos gratuitos del pensamiento irresponsable, con los que algunos identifican la filosofía, o en los entusiasmos místico-literarios mediante la exaltación existencial del pensamiento de Hölderlin y Heidegger, que encantó a los poetas pensadores.

Me tomó afecto, a partir sin duda de una afinidad de *habitus*. Recuerdo que después de la agregación, me propuso una plaza en el liceo de Bayonne, creyendo darme el mayor placer regresando a mi "pueblo", y se sorprendió mucho, y quizá le molestó un poco, que no hubiera aceptado.

Después, cuando fui a verlo a su oficina de la calle Du Four, me tuvo allí desde el mediodía (extraía de su biblioteca separatas, casi todas dedicadas por grandes sabios extranjeros, como Cannon) y no lo dejé sino hasta ya entrada la noche. Quedé muy sorprendido al ver que su pensamiento y su palabra no mostraban esa tirantez, para mí decepcionante, que había observado en tantos otros filósofos que conocía (algunos muy deslumbrantes y profundos, cuando hablaban de Kant o de Malebranche), cuando pasábamos de los temas más técnicos de la filosofía o de la ciencia a los más triviales de la vida. Él decía con una expresión de extraordinaria tranquilidad, y sin dar nunca la impresión de hacerse el filósofo, cosas que me parecían de una gran libertad y de una profunda sabiduría.

Conversábamos con bastante frecuencia durante las jornadas de Mayo del 68, que fueron una prueba para él: formaba parte de esos fieles que, habiendo dado todo a l'École, vieron la simpatía de sus alumnos hacia el movimiento estudiantil como una traición inspirada por el cinismo o la ambición. Me decía, porque lo descubrió, sin duda, en esa ocasión, lo difícil que había sido para él adaptarse al mundo escolar (por ejemplo, cuando, siendo muy joven, llegó como interno al Liceo de Castelnaudary, y no sabía dónde estaban los lavabos). Me pareció que tomaba conciencia, por primera vez, de lo que lo separaba de sus camaradas de la Escuela Normal, Sartre o Aron (quienes jugaban al tenis a muy alto nivel, mientras que él jugaba rugby) y que, aunque el poder integrador de la escuela republicana lo había llevado a olvidarlo o a negarlo, era el origen, quizás, de esa especie de cólera que parecía habitarlo permanentemente, y que aparecía a veces, bajo la apariencia de la más calurosa cortesía, frente a ciertas formas de incompetencia arrogante.

Dejó a otros el primer plano de la escena: ellos sacaron provecho de alabar su modestia y su rigor. Publicaba en el *Dispache* de Toulouse (es allí, creo, donde lo leí por primera vez) mientras que otros escribían en los grandes periódicos parisienses; resistió (no hablo solamente del período de la ocupación) todas las formas de compromiso con el siglo. Y quienes no le perdonan sus juicios implacables, o su sola existencia, suerte de reproche viviente, pueden también reprocharle haber cumplido hasta el final su función de "mandarín" —fue sucesivamente profesor de *khagnes*, inspector general, miembro del jurado de titulación— en lugar de darse a actividades más conformes con la imagen del filósofo libre. Nunca dio entrevistas, ni habló en la radio o la televisión. Creo que en este punto cometió un error. El error de dejar el lugar a los charlatanes y a los impostores; pero creo, también, que no pudo hacerlo de otro modo. Lo cual, igualmente, está bien.